十年间最撼动人心
的张国荣传记

U0821701

The Sketch of Leslie Cheung

孤独 是心的猎手

张国荣传

—— 王臣 著

CNS
湖南文艺出版社
HUNAN LITERATURE AND ART PUBLISHING HOUSE
博集天卷
CS-BOOKY

图书在版编目（CIP）数据

孤独是心的猎手：张国荣传 / 王臣著. -- 长沙 :湖南文艺出版社, 2013.5
ISBN 978-7-5404-6142-3

Ⅰ. ①孤… Ⅱ. ①王… Ⅲ. ①张国荣（1956～2003）—传记
Ⅳ. ①K825.78

中国版本图书馆CIP数据核字（2013）第063998号

上架建议：文学・人物传记

孤独是心的猎手：张国荣传

作　　者：王　臣
出 版 人：刘清华
责任编辑：薛　健　刘诗哲
监　　制：蔡明菲　潘　良
策划编辑：邹和杰
特约编辑：尹　晶
封面设计：又　一
版式设计：姜利锐
内文排版：百朗文化
出版发行：湖南文艺出版社
（长沙市雨花区东二环一段508号 邮编：410014）
网　　址：www.hnwy.net
印　　刷：北京京都六环印刷厂
经　　销：新华书店
开　　本：880mm × 1194mm　1/32
字　　数：200千字
印　　张：8
版　　次：2013年5月第1版
印　　次：2013年5月第1次印刷
书　　号：978-7-5404-6142-3
定　　价：32.80元

（若有质量问题，请致电质量监督电话：010-84409925）

谨以此书，

纪念你的绝代风华。

纪念你的美、你的爱、你的孤独和绝望。

纪念你离开的第十个年头。

纪念“哥哥”二字。

序言·一念十年

孤独是心的猎手

十年。

短似，一弹指，一刹那。

又仿佛长过，一生，一世，一辈子。

2003 年。

那一年，我稚嫩又无趣，又或许尚有纯真。彼时，对于你的印象，终究是绕不开少年时看过的《倩女幽魂》里俊美如月的宁采臣。是白面书生，热情又痴心的那个人。后来，看了《阿飞正传》，看了《霸王别姬》，又独自在某个暖好的下午，拉上窗帘，看完了《春光乍泄》里你和梁朝伟的纠葛与缠绵。4 月 1 日，你纵身自杀的消息铺天盖地地传开。

霎时间，人情物事都仿佛不似从前。

件件都变得孤寂、阴冷，并又绝望。

2004年。

重看了你1989年的“告别歌坛演唱会”。十五年前，你心身皆是如此美好。那时候，在想，这个男人真是残忍。美得残忍，爱得残忍，孤独得亦好残忍。开场一首《为你钟情》唱得令人不禁唏嘘，心潮澎湃。彼时，你也已是而立之年的男子。生命当中的好与坏，温柔与困顿，亦是经历颇多，你开始日渐沉淀出一种旁人难以媲美的韵味。

是时光的韵味。

是人生的韵味。

是孤独的韵味。

是大明星的韵味。

2005年。

这一整年，我反复在听你的那一首《左右手》。“尚记得，左手边一脸温柔。来自你热暖，在枕边消受。同样记得，当天一脸哀求。摇着我右臂，就这样而分手。”那大约是我最纯真的时候，但到底是真心错付。而那些年少的爱，终究是付诸东流。

2006年。

第一次离家远行。一别四年。是长姐送的我。

唯一从家中带走的是《东邪西毒》的 DVD 碟片。

偶有人问我最喜欢当中的谁。

我总是很郑重地回答：欧阳锋。

2007 年。

开始创作自己的第一本书。

写作时候的背景音乐是：

你和黄耀明合唱的，《这么远，那么近》。

2008 年。

这一年的四月一日，依然铺天盖地的，是大家在怀念你。只是这日，我的心思都在别处。十八岁时方才开始的初恋，在这一天曲终人散。初恋，仿佛就是用来结束的。人说，初恋分手是为了将来可以有初恋这件事去回忆。实在不能不让人唏嘘。那时候，恰好听到你那一首《一辈子失去了你》，于是，不禁痛哭。

失去了初恋。

失去了你。

一辈子。

2009 年。

认识了上海女作家棉棉。真诚、飒爽又才华横溢的女子。某一晚，棉棉在 MSN 上跟我说话，她让我去看韩国电影《霜花店》。看完，极痛。临睡前，我莫名又打开电脑。是突然地，好想重温你和梁朝伟的那一段纠葛缠绵。

2010 年。

这一年，独自在北京漂泊。遇见了一个荣迷，与之畅谈一场。彼此时常会小聚，每在歌房他必定会唱的总是你的那一首《我》。他有痛苦的童年，有令人伤感的往事，而你的经历与歌曲带给他的影响，他总是闭口不提。但我知道，每个人都应该有属于自己的秘密。比如，一首歌，一个人，一段与之相伴形影不离并以为那就是全部人生的，过往。

I am what I am,
我永远都爱这样的我。

快乐是，快乐的方式不只一种。
最荣幸是，谁都是造物者的光荣。
不用闪躲，为我喜欢的生活而活。
不用粉墨，就站在光明的角落。
我就是我，是颜色不一样的烟火。
天空海阔，要做最坚强的泡沫。
我喜欢我，让蔷薇开出一种结果。

孤独的沙漠里，一样盛放得赤裸裸。

多么高兴，在琉璃屋中快乐生活，
对世界说，什么是光明和磊落。

2011年。

来成都暂居。
许就定居了也未可知。

一切都开始好起来。
除了，爱。

那时候，人们开始不痛了。
毕竟，你离开已经八年。

2012年。

遇见了现在的恋人。
并打算为你写一本书。

2013年。

书成。

你已去十载。

一念十年。

谨以此书，

纪念你的绝代风华。

纪念你的美、你的爱、你的孤独和绝望。

纪念你离开的第十个年头。

纪念“哥哥”二字。

王臣

2012年12月

孤独是
心的
猎手

目录

contents

倾谈一 • 生如夏花

心是孤独的猎手

01

—香港

香港。

琉璃之城。沉重，华丽，又哀伤。城中之人，走在喧嚣与寂寞之边缘，各自流连。有的人，一生潦倒孤寂、无人问津；有的人，一生乱花缭眼、纸醉金迷；有的人，一生身繁着锦、心素如衣。这一生一世，如何度过，方才算得上巧妙和美丽？

岁月慈悲，只因懂得，在这苍凉、寥落又敞阔的人间剧场，一个人从开场走到谢幕，得几片掌声，已是不易。又能平顺安稳、暖好如春地度过，实属几生几世之修行。而你，亲爱的荣先生，来得孤独，活得夺目，走得又实在寂寥。而所有，许是你前生一早暗自绸缪之因果。

想着，如此一生，也已足够。

香港，之于你，是故土，是戏台，是整个人间。你所有的爱憎与哀乐，所有的光明与苦闷，所有的欢喜与忧愁，都倾付给了这座城。以日月星辉为证，以洁净之身与通透之灵魂为证，以爱之生发与散灭为证。不悔，不怨。你所有的故事，都在这里发生。

是要沿着怎样的足迹去追寻你的曾经，撰写你的往事，实在是个难题。但终有一个源头待我寻候。从这座城里看你，你是寂寥又孤傲的一个人。从你看这座城，她是壮丽又虚浮的一座城。我去看，见你是一身华丽，孤独地站在最光亮处。整座城，越来越沉默，终变成寥落的烘托。

张国荣，这三个字，在香港的完整发展史上，大约是史册当中某个篇章中的一行句子、一段话。但在香港的文艺界往事里，你必定是厚重的一部分，是需要单独列出来，付梓成册的。

你带给香港市民，带给全球荣迷的，是要伴随一生的不能淡灭的歌声、画面，以及爱欲生死的回忆。人的一生，最珍贵的，亦不过如此了——与那人，并肩依偎坐在日暮黄昏的斜阳之下，倾心长谈时，避不开地，总要提及，昔日追慕、痴迷、心恋过的男子里，有一个人，叫作：

张国荣。

今日，依然传唱着你那首《Monica》。《当爱已成往事》，从来都是失乐园里的主旋律。始终有人在看《阿飞正传》《春光乍泄》。每一年的四月，你的电影遗作《异度空间》总有人要翻出来一品再品。

《倩女幽魂》里的宁采臣，《胭脂扣》里的十二少陈振邦，《霸王别姬》里的程蝶衣，《东邪西毒》里的欧阳锋。

谁人会忘得掉，谁人能忘得了？

他是一个漂亮的男人。
他是一个任性的男人。
他是一个忧郁的男人。
他是一个好真实的男人。

一生一世，怎样活过，方才值得？你的诠释最是独特，抑或许，你的方式最靠近生之真谛。人有童真岁月，人有风华时年，样样都是春意满满都是极好的，纵也伴着喧嚣、伤痛，但都不是妨碍。只有一样，对你而言，无力抵抗。

老。老无所依，老去容颜，老而孤寂。大约是因你生得太美，以至于面对这个字，你实在惶恐不安。其实，美人迟暮，亦是一种难得的人生风韵。但是你并不这样觉得，也从未这样选择。

你想要的，是一种周全深刻毫无瑕疵的美。谨以此，留给人间，来做怀念。于是，你轻纵人世无常，只愿修一生圆满。从来处来，到去处去。你来得孤独，走得寂寥，却自成一种无法言说却又令世人心痛至极的好。

从那一日你入世始，一切都早已被你预料，结局也已早被你写好。你要做的只是，昂首，迈步，一路走下去，走到世界尽头，走入你摹绘好的极乐。而那些往事，只是等待后人追顾时，哭一哭，笑一笑。然后，不忘这世上，有个地方叫香港。在香港，曾有一个你，那么那么美好。

你在《阿飞正传》里说："世界上有一种鸟是没有爪子的，它只能一直地飞啊飞，飞累了就睡在风里，这种鸟一辈子只能着地一次，也就是当它死的时候。"不承想，一语成谶，它变成了你人生的迷惘独白、沧桑写照。

你就是你，沙漠里盛放的花朵。
你就是你，颜色不一样的烟火。

生是绚烂，嚣艳如花。
此生静好，来生无效。

02 | 南方

1956年，9月12日。

张国荣，出生在香港九龙的一个大家庭。本名张发忠（曾用名张发宗），后易名张国荣。彼时，这世间人情世故尚与他没有关联。许上一世，他便想着，此生只要洁净一身地来这人世，不妥协，不占有，只愿温柔迎对这浊深的红尘，就好。张国荣兄弟姐妹共十人，三人夭折，他排行第十，是家中幼子。

张国荣的父亲，名叫张活海，是裁缝，大裁缝。张父白手起家，手艺精湛，早在20世纪30年代已于香港的中环开设洋服店。业内人叫他“Tailor King”。当时，香港尚是英国殖民地，西式的衣着风潮笼罩港城，因此，洋服的需求量极大。张父擅长服装设计，缝纫技术一流，所以，在此期间正是张父展露手艺的上佳时机。

张父亦是精明人，所设计制作的服饰紧跟潮流，又有前卫的创意，因此甚得香港名流欢喜。许多政客和明星，包括著名导演希区柯克（Alfred Hitchcock），演员加利·格兰特（Cary Grant）、马龙·白兰度（Marlon Brando）等都曾光顾，一时间，张父声名鹊起，生意蒸蒸日上，成为极知名的洋服商人。

凡事皆有因果。因着父亲的事业红火，便有了张国荣的童年寂寞。张父多半时间都忙于商务，无暇顾及家庭琐碎，包括几个儿女。世间男子皆有一颗貌似宽宏的心，心念的常常是生计，是前程。不是温柔，不是相伴，不是儿女情长。

所以，张国荣曾说："我和 Daddy 都不熟。"张父忙于生意，大约只有逢年过节，儿女方才能够真真切切与父亲好好相见好好相处。但彼时，又因亲朋走访，父亲常常陪酒至大醉，也是无法静静与儿女相伴的。所以，张国荣说："我最记得他跟我们相处最长的一段日子是三十六小时。就是一天多，因为他醉了。"

遗憾的是，张母与张父虽感情并不融洽，却仍无奈想要辅佐丈夫事业，对家中大小事宜亦是少有问津。如此下来，生身父母，皆变得离他好远。

张国荣说："我的童年是不同爸爸妈妈一起住的。好多人都会说不可能的，但刚刚就是那么巧发生在我身上。爸爸和妈妈在中环的一个单位有两层楼，一层自己住，一层就用来做工厂。理由就是为了看着工人，所以就没有跟我们一起住。也许当时的大人是不会理会小孩子的心理的，或者是我没有那么幸运，我爸爸妈妈不会太理会我们子女的心理的，或者那时候也没有那么开通，那段时间是大人说了算的，小时候被爸爸妈妈打打是好事情，但是我连这些都没有的，更加不要说渴望礼拜天爸爸拿着相机去照相。那样就变成了小孩子很失落，没有爸爸妈妈的关心。”

哀艳是童年。此句用来形容张国荣的年少时光是再贴切不过了。其实，世间众生，唯有孩童单纯，需要的，左不过是睡前听父亲讲一段故事，醒来有母亲帮他穿衣，下学有父亲来接，周末有母亲下厨做一顿好吃的菜饭；或是，母亲几次亲吻，父亲几回拥抱；或是，母亲逗他笑，父亲陪他闹。

仅仅这些。
他却都没有得到。

张父性情狷介，是个烈性的男子，虽然陪伴张国荣的时间不多，但心中父爱依然是有迹可循的。张国荣亦乖巧懂事，大人的行事风范与对待自己的态度，他皆看在眼里，记在心中。大约张父不属于情感外露的人，于是，表达起来，总是隐晦。但与父亲在一起的那少许时光里，张国荣深知，父亲是极爱自己的。

但张母不同。世间女子形色，多温柔，有慈母心，但亦有少许是天性便不适合做母亲的。张母或许便是如此。只是这言论是从张国荣的论断出发，不免片面。但总也是事出有因的。

张国荣曾说：“阿爸疼我是无条件的，阿妈对我好是有条件的。如果我不是今天的张国荣，阿妈对我的爱会有所保留。阿爸已经去世，但我始终觉得，他对我的爱全无保留，只是他不晓得表达……自小我就知道，我和他说话，他是有耐性去聆听的，阿妈则完全没有。所以到现在，我和阿妈连一句心里话也无法交流。”

张国荣与母亲之间芥蒂颇深，在日后更长久的光阴里，越发变得明显。人们常说，儿子亲母亲。张国荣仿佛是个例外。岁月无欺，有些人之间的情之冷暖，沉淀得愈久，便愈深刻。终有一日，会发现，两人竟已离得这般远。而心底深处的那一点爱，竟亦已变得这样薄，这样脆弱，这样令人难过。

包括，母与子。

张国荣回忆儿时与母亲的关系时说：“她没有怎么去理我们。那时候都挺惨的，惨的理由是我一个星期才见她一次，就是星期六晚上，她也不会在我们家里过夜。”张国荣的话中有这样一个词语——我们家。仿佛那只是父亲造筑好独属于他们兄弟姐妹的处所，仿佛是与他的母亲关联不大甚至不相干的。

说这段话的时候，当真是与母亲隔阂甚深。那当中的距离大约是常人无法想见的。仿佛他提及的，只是一个熟悉的陌生人。熟悉的是面容，陌生的是心。甚至，连声音、举止大约都是淡极了的吧。

张国荣的姐姐张绿萍后来说：“父母现在也意识到自己当年的做法欠妥，但是要弥补童年缺失的爱已经不可能。现在大家对爸妈都很好，有空便来相聚，对从小缺失的天伦之乐，大家都很珍视。兄弟姐妹都很爱惜下一代，因为他们太了解没有父母之爱的痛苦。”

他年少的寂寞仿若是前生埋下的因果，看上去是那样命中注定的事情。父爱深刻又稀薄，母亲实在又未曾走近过，连兄弟姐妹皆年长他太多，世事仿佛皆是要让他童年变得清冷、寂寞，甚至，落魄。

张国荣回忆年少与兄弟姐妹的相处时，心下黯然。且不论夭折的老三老四和老九，身边的六位兄长和姐姐，皆因年纪近似，走得近，说得多，亦亲亦友。长姐和二姐出双入对，五姐六姐亦如此，最小的八哥也年长他八岁。

张国荣说：“我想八哥曾经努力地去爱护我，但是年龄方面有了一定的距离，所以玩的东西都不同。因为他八岁的时候我才刚刚出生，等到他十八岁的时候我才只有十岁，大家有了分别，不管是玩的东西，还是其他方面。”是的，当八哥开始知道“两情相悦”是何含义的时候，他大约连“青梅竹马”的意思也不懂得。

可以伴他左右抚慰寂寥的，竟只有照顾他起居的女佣一人。张国荣唤她“六姐”。只有六姐真正陪伴他度过原本应幸福满满，却过得好艰辛好漫长好孤独的童年岁月。

孤独，是一座迷城，入城易，出城难。周遭林立的，是黑暗，是荒凉，是迷惘，是无助，是惶恐，是不安。他弱小肉身，唯能孤自一人，贴墙疾走，追索或是逃窜。以尽快的速度，离开那充满罅隙的、幽深孤绝的：

童年时光。

03 ｜少年

无人知晓的，总是隐秘的伤痛。

彼时，人情世故，他皆不懂。于是，少年的他唯能寂静如猫，立在一旁，看人情冷暖，看人来人往。孤独仿佛成为一种天性，致使他多年之后，依旧看上去好是忧郁、低迷，少言语，喜怒不形于色，像极了某一类受了伤躲在暗处的小兽。

自古奇谈当中，妖兽鬼魅总因寂寞害人。是因寂寞得太久了，于是，对温柔与爱的企图心便潜滋暗长，日渐嚣张。是以心中长出嗜爱成瘾的魔障，不可遏制地贪图人世爱温，恋慕红尘情暖，受不得半点背叛和抵抗。

不得者，因爱生恨，暴戾可怜。侥幸得之，必定是耽溺其中，甘愿一双人两盏茶，三生三世亦仿佛刹那。如此，也就有了人鬼人妖爱撼山河的佳妙故事川流不息。是因有了无瑕不渝的爱，那妖兽鬼魅方才可以无畏无惧，生死两忘。

少年时的张国荣，便已有了这般征兆。仿若是要预见他一生一世必定将与人世间最不可靠之欢爱交织共生舛错流离的生涯。一只小兽，迷失阴森密林，孱弱、无助、绝望，唯愿求得一剂爱药，熬过短暂一生。却不想，情爱有毒，沾染一次，终生不治。

对被爱之企图心，令张国荣的孤独症自年少始，便有了滋长之土壤，之根基。很是疼爱张国荣的干妈——张玉麟的夫人与张国荣挚友薛家燕都曾说张国荣是个爱发嗔讨人疼惜的人。不时的小性子，亦不过是想要人来哄一哄暖一暖罢了。

是以张国荣对昔日给予自己好的人和事的记忆尤为深刻。譬如，张国荣多年之后亦不忘当年八哥曾用他第一份工钱为自己买下一个恋慕已久却很是昂贵的动画放映机这样的小事。抑或对彼时的张国荣来讲，这根本是天大的好。不能忘的好。

张国荣曾回忆道："小时候逛大街，有个卖玩具的摊位，我喜欢一个放映机，用来播放卡通片的，卖三十八元，在当时来说，十分昂贵。我想要，但是老人家不准买，我为了这个心头爱，回家就哭，竟哭出病来，但是一样得不到。结果八哥出来做第一份工，用第一次收入的钱带我去买，那是第一次有被人疼的感觉。"

读张国荣这段话，就仿佛可见当年的弱小男童，娇嗔可人的模样。仿佛是一只受伤小兽，眼神清透动人，不忍去看却总是不能避开的那一种眼神。多看一眼，似要融掉。

而张国荣生命里对自己至亲至爱的，不是父亲，亦不是兄姐，是那个自幼照顾张国荣的女佣——六姐。六姐对张国荣的照顾无微不至，不是寻常女佣的寻常家政工作，是带着一种天然对孩童生发出的怜爱与温柔。

用视如己出来讲，亦不为过。

是以张国荣成名之后也在自己房内悬挂六姐照片，以慰思念。昔日在世时，说到六姐，张国荣总是一脸温柔，依旧似当年年少模样，有一种依赖和归属感。

张国荣曾说："她对主人的忠心，现在在香港已很难找到，照顾我三十多年，已当自己是张家的一分子。在她传统的观念里，很不满意现在菲佣的工作态度，她认为打工不应有假期，东家在打麻将或聊天时，当用人的要斟茶递水，服侍妥当，要等主人睡了才能休息。她在我心目中已经不是工人，地位已超越我母亲，我非常珍惜六姐，我觉得亲密情人失去后可以再找，但如果她突然消失，我指的是百年归老，我会非常伤心，她是我一生之中对我最好的一个人。"

张国荣与六姐之间的羁绊，与许鞍华导演的电影《桃姐》里的主仆二人之关系并无二致。六姐之于张国荣，一如桃姐之于罗杰。当中，横亘的，是一种不是亲情犹胜亲情的爱意。

桃姐年轻时，最大的愿望是存钱买一间属于自己的卧室，六姐亦是。成名后，张国荣为他的“桃姐”买下一个单元，让六姐如了愿。这一点，张国荣比罗杰幸运。子欲养而亲不待，是人生极悲之事。但到底，六姐日渐年迈，于 20 世纪 90 年代病逝。

张国荣讲：“六姐一生无欲无求，只知全心全意地照顾我，唯一要求的，是希望有一层楼。为了达成她的心愿，我曾送了一间屋给她，但享用的日子却不多。她去世时，未能见她最后一面，实在十分遗憾。六姐去世，自然感到难过，不过觉得她在这时候离开人世，对她来说，反而是一件好事，因为生老病死，人所难免，而且她过世时已经七十多岁，又患鼻咽癌，与其用仅有的日子与病魔搏斗，倒不如早日脱离苦海，不用忍受无谓的痛苦。”

此事之于张国荣而言，是极大的打击。

人生总要经历这样极痛的事情——面对生命中最爱你的人离你而去，今生不复归来。回顾这段往事，张国荣言辞淡定，仿佛不曾有过伤痛，但个中悲痛，唯有他自知。说与旁人听，亦是无用。倒不如珍藏心底，成为永生不忘的挂记。

也不是坏事。

04 | 远行

1969 年。

张国荣十三岁。

十三岁，能做的事情，不多，但也不少。譬如，偷恋上前桌女孩儿；见证兄姐一场修成正果的爱恋；抑或是，课业不佳时父亲训导之后的鼓励抚慰。但他不曾有，皆是虚妄。是年，张国荣因课业不佳，致使张父觉得颜面有损，决定将年少的他送至英国留学。

远赴英伦，对张国荣来说，不是不紧张担心的，却也有种微妙的欢愉欣喜在心头。结束亦是开始。结束一段晦涩过往，开始一段崭新时光，未尝不是好事一桩。

抵达英国之后，万事无法求人，只能靠自己。正因如此，几年留学生活，日渐修补了张国荣昔日不曾发觉的自己的各种问题。一切坚忍，皆从独立开始。张国荣自幼便有音乐天赋，在香港的童年与少年生涯，来自家庭和社会环境的束缚令其难以抒发。在艺术气息浓厚的英国，张国荣方才微微得以释放。他时常去餐厅客串表演，自娱自乐。

中学毕业之后，张国荣考入英国利兹大学（University of Leeds），攻读纺织专业。专业的选择，也是基于父亲子承父业的心愿考虑。专业中开设的绘画与设计课程最契合张国荣的兴趣。平日里，他也读文学书籍，最爱的是大卫·赫伯特·劳伦斯和莎士比亚。大学生涯，倒也快乐。原本，他是想着，学有所成归港之后辅佐父亲，弘扬家族事业。但，天不遂人愿。

不久，张国荣得知父亲中风病危的消息。

假若张父身体无虞，假若张国荣未曾中断学业，假若张国荣没有被迫回港，那香港文艺史，势必要变成另一番模样。没有哥哥，没有《为你钟情》，没有《阿飞正传》，没有妖娆百变长发蓄须的"热·情演唱会"，亦不会有 2003 年 4 月 1 日的悲剧，不会有这些文章和这本书。

或许，时尚界会多一位知名设计师。这样的人生，大约也是极好的。只是"重头来过"的事情，连《春光乍泄》里的何宝荣与黎耀辉都不能如愿，何况是，一去不复返的如水流年，何况是，并没有来生的这一辈子。

1976 年，张国荣离开英国，返回香港。

回港意味着张国荣需要结束自己的独立生涯，重新与父母同住。之于张国荣而言，这不是微小寻常的事。他需要鼓足重回过往阴霾的勇气，应对父母不和谐的婚姻，应对与家人看似融洽却又不被问津的尴尬同居生活。

回国之后不久，张国荣便决定从家中搬出独居。像一只猫，日渐习惯形单影只的生活。不热闹，不喧嚣，只一个人安静待着就好。在香港的独居生活并不轻松，是与在国外念书时迥然不同的两种状态。张国荣生性要强又倔强，独自谋生，维持生活，实在不是容易的事。

20 世纪 70 年代，牛仔文化流行，在香港的九龙、新界等很多地方，都会有许多小商贩摆出地摊兜售牛仔服装。当中有内地来的偷渡客，以及本港的棚户区居民。迫于生计，张国荣也成为当中的一分子。这一段时间，年少的张国荣负累甚重，至于昔日留洋海外时的年少梦想，仿佛愈来愈远。远到，再远一点，他便看不见了。

时光相去已远，这一段时间的记忆，亦终将老旧，只是当中的低迷、颓废，以及隐痛，令他难忘。许多傍晚，会见到这个少年孤自坐在天桥之上，神色凝重，一言不发，抬头望天。温柔的晚霞普照人间，天桥下是车水马龙，川流不息。如此热闹的香港，他却是这繁华之中的一抹孤凉。

没有深夜痛哭过的人，不足以谈人生。

他是极痛过，大哭过，独自无眠等待过天亮的人。他将要迎来的人生，他一无所知，他只是在耐心地等，等明日有一抹温柔，等明日有片刻明媚。也是在这个时候，他竟开始有些怀念在英国餐厅里客串演唱的那些时光。

Don McLean 的那首《American Pie》是他昔日最爱的歌。歌词亦是美妙至极，诗意、婉转、温柔，亦令人隐隐作痛。是唱给他的吧，抑或者，是唱给孤寂，失落，深夜落泪的惊心动魄。他只要想到这些的时候，总是忍不住，想要一再唱起这首歌，然后，一个人，沉默，等日落。

我依旧铭记那段旧时光，
音乐总是让我莞尔微笑。
而我明白，
如果我有机会，
能让那些人翩翩起舞，
他们也许会开心一阵子。

……

开着我的雪佛兰到了码头，
可惜码头早已干涸，
那些老男孩儿喝着黑麦威士忌，
唱着——“有朝一日我终将死去”……

05

——初花

1977年。

张国荣二十一岁。

是好年轻的时候。一日，朋友告诉他香港丽的电视（亚洲电视）举办了一届“亚洲业余歌手大赛”，平日里他是朋友当中最具歌唱天赋的人，所以一帮人拉他去报名。他是很有表演欲的人，也很愿意去表演。只是当时的张国荣甚是潦倒，独居生活并不容易，以至于连参赛的六元报名费都拿不出来。

是六姐，始终是六姐。六姐给了张国荣二十块钱。二十块钱，改变了他一生的二十块钱。怀揣六姐的二十块钱，张国荣搭电车到中环，搭天星小轮过海，再坐巴士车到丽的电视，然后交费，参加了比赛。

当时，香港流行英文歌曲，张国荣得天独厚，几年留学生涯练得一口流利英语，也因此，张国荣选择了自己昔日挚爱的那一首《American Pie》作为参赛曲目。后来在张国荣音乐生涯中起到重要作用的黎小田担任当时比赛的音乐总监。

黎小田回忆当时情形道："他是第二届的参赛者，我则是比赛的音乐总监。试音时我就见到他，这个傻小子，以一首长达七分多钟的英文歌《American Pie》来参赛。虽然他唱得很好，但是一个歌唱比赛是没可能让他把整首歌唱完的，必须要改短一点，他当时给我的回应就是'It doesn't make sense'（这真是不可理喻）。因为他觉得歌词有起承转结，改短了便没有意思。"

最初的最初，他的处女座天性逼迫他事无巨细，追求完美，凡事都很讲究。只是，当年青涩，无所畏惧，出言顶撞，但幸好，张国荣最终做了妥协，演唱的是三分钟的版本，歌声得人赏识，最终拿下了比赛的亚军。

黎小田说："当时他的唱腔比较幼嫩，但外形已经非常smart（帅气）。可能因为他曾在英国留学，我跟他一谈就发觉他很有主见。其实他的表现很不错，相比日本、泰国等地的参赛者，他算是颇突出的，但当时得第一名的那位是自作了一曲《朦胧夜雨里》来参赛，所以他只能得个第二。"

创作歌手是讨喜的，若能得一把天生的好声线，总要受人青睐的。屈居亚军自是遗憾，但这都不是重要的，重要的是他的声音被人知晓。

时运，时而巧妙，时而残暴。生之欢愉、舛错，总不是一个人说了算的事情。彼时，一切豁然，崭新明媚，但前路漫漫，福祸不可预测。他只能背起行囊，孤身上路，并且，义无反顾，直到行路尽头。

在张国荣赢得比赛的亚军之后，有音乐人建议他先出演电视节目。黎小田当时为张国荣写的第一首歌是由冯宝宝主演的电视剧集《追族》的主题曲，最终也未能在唱片当中正式推出。

当时，张国荣的经纪人安排张国荣签约宝丽金唱片公司，演绎英文歌曲，推出了一张英文唱片。只是入行初时，新人身份加之张国荣各方面经验不足，这张唱片销量并不如意。张国荣的一首电视剧主题曲和一张英文唱片，皆未能带给张国荣任何荣誉。

早期的张国荣，音乐才华未能得到施展和突破，一路跌撞，前途暗淡。即便是维持生计，也不能够。仿佛一切又回到从前，孤独立在熙攘人群里，无人问津。为了维持生计，张国荣不得不在酒吧驻唱，成为一名酒吧歌手。

做酒吧歌手，也未必不是一件好事。至少，他有了一个可供自己表演的舞台。即便那舞台，人来人往，简陋，嘈杂，并不独属于他。几年演绎经历，张国荣日渐有了扎实的表演经验，对听众趣味与唱腔唱功的细节把握，都独有领悟。

不久，张国荣与丽的电视签下了为期五年的合约，成为丽的电视一名综合性节目主持人。与丽的电视的一纸合约，成为张国荣正式踏足演艺圈的始端。

后来，昔日和张国荣同与宝丽金唱片公司签约后，成为在香港流行乐坛占据重要位置的“温拿五虎”之一的彭健新评价张国荣道：“张国荣天生声线独特，演绎的方法与众不同，形象多变，令香港观众大开眼界，同时加上他舞艺出色，故能在乐坛上登上天王地位。”

自然，这是后话。

彼时，身陷困途的张国荣却是孤助无望。是在独自摸爬滚打数年之后方才有了后来。而这当中的辛酸苦辣，是旁人并不知晓的，亦是无人懂得的。但他不惧艰辛，不惧诋毁，不惧运命之偏颇，隐忍铿锵，一步一步往下走，静看流云辗转，清风无依。

他知道：

岁月总会童叟无欺，慢慢便过去了。

倾谈二•梦到内河

孤独是心的猎手

06 | 七年

七年。

他的一生一世也不足七个七年。从寂静无闻的音乐少年蜕变至声名大噪的香港流行乐坛天王。张国荣，用去了整整七年的时光。他如无帆小舟，孤荡在汪洋之上，一路是无言，一路是涛浪，一路是漫长又漫长的哀伤。

李碧华说："当今之世，最生不逢时的艺人，要算是张国荣先生了。有句话：'既生瑜，何生亮？'——演戏，有发仔在的一天，他都要做阿二；唱歌，有阿伦在的一天，他就胜不出了。但张先生，只缘身在此山中，经常要向多事的询问者展示大方得体，不太在乎地轻松笑语。你们又不准他不高兴，真是残忍。"

初出茅庐的张国荣，经验不足，主持方面业绩寻常，音乐方面也未能出彩。一切都不尽如人意。人生当中第一张音乐唱片《I Like Dreamin'》销量惨淡，以至于曾被商贩以一块钱的价格抛售，甚至因廉价被人购回用来当锅垫。大约没有比这更不堪、更令创作者心凉的了吧。

即便偶尔登台演出，嘘声四起也是常有的事情。那几年，张国荣的经济状况低迷，时常都呈现入不敷出的情形。但这从来不曾成为张国荣行进之困阻。

后来，张国荣回忆当时经历时说：“第一次给人‘嘘’的滋味并不好受，自己总是在想为什么是这样的呢？为什么要这样给人‘嘘’？我又没有做错事。还记得穿一件红色的T恤，白色的裤。台下有观众喊出来：‘回家早歇着啦！’那是第一次歌唱比赛之后的公开表演，在那时这么彷徨的日子里，当然想着去搏杀，每个人都是，我也不例外，但自己的歌唱事业一开始就触礁啦。”

有一次，张国荣在酒吧演唱，唱至酣畅时，将帽子抛下与观众互动，却不想有人当场便将帽子丢回台上。霎时，现场一片哄笑。但张国荣极有职业操守，仍坚持将整首歌演绎完整方才离去。

几年后，知情者回忆此事说：“Leslie（张国荣的英文名）回到后台时脸色发青，眼睛都直了。我刚拍了拍他肩，他突然崩溃似的扑到我怀里哭了，那么个大男人像小孩儿一样伤心。还呜咽着说：‘为什么要这样伤人，我究竟做错了什么……’那场面真叫人心酸。大家也以为他会放弃了，可第二天居然又准点到后台化妆，都服了他。”

诸如此类的事情，不在少数。

但他都一一承受下，熬过。

之后，张国荣也开始尝试表演，但多是难以令人注目的微小角色。首部由张国荣主演的电影《红楼春上春》，更是令彼时好年轻的张国荣蒙羞。1978 年，是在好寻常的一日，有制片人因张国荣俊美形容便来约请张国荣演电影。出价自然是低，只有六千八百元，但讲时好听，说想请他饰演《红楼梦》里的男主人公贾宝玉。

张国荣昔日极爱读《红楼梦》，听此邀约，自然是喜不自禁。刚刚踏足演艺圈，实是懵懂无知。凭一腔热情，指望以此开辟一条崭新道路，便义无反顾应承下来。殊不知，此片只是《红楼梦》的风月版本。彼时，古装文艺片并不卖座，唯独李翰祥式的风月片红遍全港。所以，会有部分制片人抓住商机，大肆拍摄三级片。

经典文学作品《红楼梦》也未能幸免。而这所有，直到电影开拍之时，张国荣方才知晓。无奈合约已签，他是骑虎难下，进退维谷。想要抽身，实在难能。人生经验，便是如他这般，在泥沼、阴霾、寒凉、黯然当中积累下的。以至于，日照明媚之时，他竟不免有些恍惚，仿佛，换了人间。

而张国荣谈及此片时，表现大度。他是甘愿为艺术献身的人，在他心中，只要有艺术价值，都值得他付出、追求。只是《红楼春上春》不同，它只是一部单纯以刺激感官为目的的三级片。若不是日后张国荣红遍全港，有好事者翻出旧事炒作，大约知道此风月旧事的人并不会多。

多年之后，也曾有人建议张国荣将此片发行全部碟片购买回来，以免流传开来，徒增压力。但张国荣潇洒豁朗，答道："管它呢，也好让大家看到我以前受过不少委屈，挨过不少苦。"

影评人的灰曾在作品中写到这部电影，当中有一段话印象深刻。她写："开场第一个镜头非常有喜剧效果……大牌匾的特写——'荣国府'。……三个字里有两个是自己的名字，人生第一部电影有这样的巧合，也算是件有趣的事吧。没过几秒钟，主人公贾宝玉出现，趴在地上给丫鬟当马骑，还仰起头来，露出一个快活的笑容。这就是他，张国荣，在（电影）银幕上的第一个亮相。"

彼时影片里的他，好单薄，好清瘦。

但依然是"浊世佳公子，翩翩美少年"。谁人会料到，《红楼春上春》里这个只有笑意尚佳的白面小生，日后会积淀下无尽风采，散发出灼目光芒。人世之无常，不是凡人可预测想见的。一生好运气或一世坏运气，时来运转以及否极泰来，皆不是常有的事。常有的只是，乏善可陈的一辈子。

活得好精彩的，总是少数。

而张国荣，有幸，成为当中的一个。

精彩，往往意味着跌宕。当中有对峙、抵抗，力争上游。亦充满曲折，不能平顺。拍摄《红楼春上春》同年，张国荣灌录了第二张唱片《Day Dreamin'》，翌年，发行第三张也是首张中文唱片《情人箭》，销量均不理想。唱片公司便也就没有再与张国荣续约。张国荣的演艺事业陷入一个低谷。

20世纪80年代初，张国荣仍然获得机会参演各影视剧集。包括1980年的《喝彩》、1981年的《失业生》、1982年的《柠檬可乐》和《烈火青春》等作品，但饰演的皆是一些不讨好的角色。与张国荣同期入行的陈百强，则一直饰演正面角色，包括一些清纯小生的角色，倒是积累下不少人气。

谭家明导演那部日后被誉为经典作品的《烈火青春》，题材敏感，触及都市男女情欲的禁忌话题，在风气尚不足够开明的当时引起社会上不少消极反应。矛头一度直指张国荣饰演的角色。用香港文化评论人洛枫的话说："这部在日后被誉为经典的作品，在当时未能为张国荣带来正面的成果，这仿佛是一种'时代'的错置"。

就是这样，张国荣孤自在黑暗中成长。日渐长出愈加迷人的模样。困阻、苦难，之于张国荣而言，皆是一笔难得的财富。不经历险恶，何以叫作人生？这一路，张国荣自我扶持，各种冷暖，如鱼饮水，唯有己知。

张国荣也曾坦白内心委屈：

"我承认在当时一度灰心失意，因为自己永远在次要位置，别人不做的戏由我顶上，别人不唱的歌由我接唱，我曾经质问自己究竟为了什么，既然做得不开心，又为何还留在这个圈。

“……不过因为生性好胜心强，加上对自己极具信心，我不相信就只得这样的成绩，所以才决定继续留在娱乐圈等机会。

“电视我演过、电影我拍过、唱片我灌录过！机会尽是有的，但每一次机会的来临，都只是擦身而过，没有因我的努力而驻足，有时真的有点心灰。不过，每个人的付出，都是希望得到公平的回报。我当然希望自己能一举成名，也希望自己能在最短的日子内，得到相对的回报，不过，我更明白有些事情是欲速不达，急是急不来的。我尽量尝试去争取，尝试失败再起，我明白在这圈子生存，是必须要具有屡败屡战的精神。虽然我多方面地尝试，但全军尽没可是头一遭，但这并不等于就否定了我在这方面的才华，所以我坚持下去！”

2002年，张国荣接受香港《明报周刊》采访时说：“人不会无求的，人要讲有没有志气、有没有人格，那不是金钱可以加分的，哀莫大于人格破产。是，魅力是种与生俱来的东西，但是你得不断灌溉它才不会消失，人光是有貌有才都不够的，还得有志气。”

一句“要有志气”支撑张国荣走过漫长的七年光阴。从备受冷落的白面小生，踏过满地荆棘，蹚过沼泽深河，携不朽之信念，行进至鲜花绿树蓊郁之福地，日渐成长为风华绝代的一世名伶。

时光缓慢过去，他终于熬至1984年。

来到，属于张国荣的黄金年代。

1982年，张国荣加入华星唱片公司。由当年比赛相识的黎小田监制唱片。1983年，连续推出唱片《风继续吹》《一片痴》。张国荣唱功日渐精进，加之宣传得当，两张专辑皆销量极佳。张国荣的名字也开始为众人知晓。张国荣初尝成名滋味。1984年，张国荣推出同名唱片《Leslie》，当中一曲《Monica》更是红遍全港。

在《Monica》的MV当中，张国荣的舞步和手势，不单成为张国荣的招牌动作，更成为香港青少年争相模仿的对象。一时间，张国荣成为全港最炙手可热的演艺明星。

是这样子的。运命之难测，如朝更夕替，一程山水一剪月，走过，路过，看过，念过，当中景致自有错落。仿佛昔年的一切艰阻皆是为了张国荣这一日的成就。所谓“天将降大任于斯人也，必先苦其心志，劳其筋骨，饿其体肤，空乏其身，行拂乱其所为，所以动心忍性，曾益其所不能”，便是这个道理了。

香港演艺圈里常有长辈教导新人说：“张国荣也要挨（近）十年才有今天的成就。”张国荣有一首歌，叫作《默默向上游》。是郑国江填的词，词意甚好。清简，有力；素朴，入心。当中所写，用来形述张国荣自入行至成名的七年时光，大约是最妥帖不过的了。

幸运不肯轻招手，

我要艰苦奋斗。

努力不会有极限，
若遇失败再重头。
现实欺弄不担忧，
我要跟它决斗。
挺着胸对抗命运，
用力握实我拳头。
成功不会骤然降，
喝彩声不想白白承受。

求能用心，
求能用功，
求能做好鼓手。

像怒海的小孤舟，
冷雨凄风继续有。
我愿那苦痛变力量，
默默忍泪向上游。

07 — 青春

一个人。

一座城。

一个时代。

黄金的时代，孕育着夺目的城。夺目的城，孕育着独一无二的人。谈张国荣的崛起，必要讲整个香港乐坛的发展。这是一个看似宏大的主题。但其实，也是容易讲的。20 世纪 50 年代始，香港聚集了不少来自内地和台湾的文化人。因此，直到 20 世纪 60 年代，始终是国语音乐一统天下的局面，粤语音乐在乐坛当中并无地位。

20 世纪 70 年代香港经济开始迅速发展，香港人的本土意识日渐增强，逐步建立起以粤语为标志的本土文化。是以，粤语音乐迅速发展。

入行于 20 世纪 70 年代的张国荣，可谓是全程见证了香港乐坛的发展。而他自身的成名史亦是香港乐坛发展的一个侧影和印证。至

20 世纪 80 年代中后期，谭咏麟、张国荣、梅艳芳三人统领香港乐坛风潮。谭咏麟入行略早。张国荣和梅艳芳同时期入行，他们二人演艺经历之辉煌时期正是香港经济最繁荣之时。

梁文道曾评价二人道："香港人对张国荣和梅艳芳的怀念实际上也是对那个黄金年代的怀念。那时候香港处于文化输出地位，从一个港口城市真正变成国际大都市，香港人在他们身上看到了对自己文化的认同，找到了香港人的自信。"

谈香港乐坛，不得不提，许冠杰。

许冠杰是现代粤语流行歌曲的开山鼻祖。他创造的香港口语演绎法开创了粤语流行音乐的新纪元，对粤语歌的推行和发展起到了决定性作用，同时他也是香港乐坛唱作人之先驱。

1974 年，许冠杰推出的音乐唱片《鬼马双星》揭开了香港当代流行乐坛的序幕。1976 年，他推出的经典大碟《半斤八两》标志着香港粤语流行歌的市场正式形成。许冠杰，是缔造当代香港流行歌曲的最大功臣。他与兄弟许冠文、许冠武和许冠英合称"许氏四杰"。

许冠杰的音乐作品，简单素朴，深得受众欢迎。他在红馆举行了四十一场演唱会，此记录至今无人打破。1992 年，许冠杰退出香港乐坛。但他的经典曲目至今传唱，是香港乐坛当之无愧的天王"歌神"。

同时期，香港乐坛著名的老一代歌星还有张德兰、徐小凤、林子祥、甄妮、郑少秋等人。至20世纪80年代，第二代粤语歌手，包括谭咏麟、张国荣、梅艳芳、陈百强和钟镇涛等人日渐崛起，影响更为深切，知名度远及内地。

至20世纪90年代，第一代粤语歌星逐渐淡出，第二代粤语歌星迎来自己的黄金时代。当中依靠演唱电视剧主题曲走红的歌星，如罗文、叶振棠、关正杰、汪明荃等人皆已几乎失掉了昔日光环。

人生荣宠总是有限。今时是春风在沐，明日是繁花满地。人之渺弱无边无垠，想与这尘世对峙抵抗总是无甚意义的。事在人为自是不错，但运命之迎拒却是自有定数不可更改的。风光无限自是美妙，但若有一日，年华老去，岁月沧桑，须知，人所能留给这深深红尘的，总是极少极少的。

是一代人成就另一代人，是朝阳替代落月，是梨园替代沼泽，是新的故事替代旧的传说。张国荣一代歌星的乍现、成长、成熟、完满，亦皆是前人之经验馈赠与年代更新的因果，也与当时涌现出的一批创作人紧密相关。

一如填词人黄霑（代表作：张国荣《倩女幽魂》，梅艳芳《玫瑰玫瑰我爱你》，钟镇涛《让一切随风》等）、郑国江（代表作：张国荣《默默向上游》《风继续吹》，陈百强《涟漪》等），制作人黎小田等优秀的创作人，为张国荣一代的年轻歌者提供极好的音乐素材和来源。

但优秀的创作人始终是少数，实在难以满足大量涌入音乐界的新人和唱片的创作需求。因此，香港乐坛开始步入改编日本和台湾地区歌曲的全盛时期。正是在这个时期末尾，谭咏麟、张国荣、梅艳芳等人陆续成长起来，揭开了香港乐坛黄金年代的序幕。

张国荣成名时，是1984年。这一年，他已经二十八岁，将近而立。是在旁人依旧好年轻，而他却与自己的青春年代渐行渐远的时年，他方才等来迟来的荣光。这当中该是有一声叹息的吧。青春是一本好仓促的书，叹息的便是，他却忍不住流着泪，要一读再读。

席慕容说：

所有的结局都已写好，
所有的泪水也都已启程。
却忽然忘了是怎么样的一个开始，
在那个古老的不再回来的夏日。
无论我如何地去追索，
年轻的你只如云影掠过。
而你微笑的面容极浅极淡，
逐渐隐没在日落后的群岚。
遂翻开那发黄的扉页，
命运将它装订得极为拙劣。

含着泪，

我一读再读，

却不得不承认：

青春是一本太仓促的书。

08

—沧心

落霞孤鹜，秋水无依。

有时，伤感是——想与那人温柔相对时，情分还在，人已不在；想与那人煮酒夜话时，往事还在，人已不在；想与那人饮歌对唱时，老歌还在，人已不在。

成名前后，张国荣的人生际遇发生了极大的改变。身边人，来来走走，聚聚散散，合合离离，也已变成好寻常的人。世间人情世故，总是如此，乾坤难改，人心易变。唯独心中待他，张国荣总与旁人是不一样的。

他是陈百强。

陈百强生于1958年9月7日，与张国荣入行时间相近。张国荣入行第二年，便与陈百强交识。不似张国荣，陈百强星途顺畅，一度声名大噪。张国荣沦为陪衬。原本情意深厚的二人，抵不过人情世故的磨砺，也只怪当时彼此都是好年轻。伴随着事业发展的冲突，二人日生罅隙，对彼此心有芥蒂。

1977年，年近十九岁的陈百强参加“香港山叶电子琴比赛”斩获冠军，同年，陈百强的原创作品《The Rocky Road》，获“1977年度香港流行歌曲创作邀请赛”季军，并与无线电视签约，正式踏入演艺圈。翌年，他的另一首原创英文歌《The Sunrise》，再获“1978年度香港流行歌曲创作邀请赛”季军。

1979年，陈百强正式加盟EMI（百代）唱片公司，开始其十三年的歌唱生涯。陈百强加入EMI后，甫即推出英粤混合的首张个人唱片《First Love》，凭着其中自己作曲的《眼泪为你流》出师大捷，一炮走红。之后的作品如《喝彩》《涟漪》《今宵多珍重》等皆广受欢迎，成为当时香港第一位实力派偶像歌手。

加之，电影电视剧集的参演，陈百强人气甚旺。

当时，张国荣与陈百强，以及当时同为偶像艺人的钟保罗三人同在经纪人谭国基手下。三人形象俊美，又因一同出演电影《喝彩》，被媒体誉为“三剑侠”。后来，钟保罗改投电视台，当主持人。张国荣与陈百强二人则进军乐坛一起发展。因二人形象唱功俱佳，相似之处甚多，因此，也常被媒体拿来比较。

相较之下，彼时的张国荣，景况暗淡。

陈百强与张国荣一样，虽展露给大众的总是阳光美少年形象，但其人内心天性忧郁、敏感。陈百强凡事亲力亲为，追求完美。他曾说："我一向都坦然承认我的内心是这样，这个世界根本就没有完美，在这个不完美的世界上，追求尽善尽美是难以达成的事，但我喜欢这样做。"

前途之忧或喜，皆是不能令人快活的。张国荣失落，心有憾恨。陈百强焦虑，五味杂陈。成名之后的陈百强亦并未给友人张国荣的演艺事业带来助益，令张国荣对二人的友谊深感质疑。陈百强的走红令张国荣陷入了一个连感同身受的人都没有的心酸处境。

而各种琐细，不为外人所知。

陈百强是20世纪70年代末至20世纪90年代最受欢迎的歌手之一。经典作品《眼泪为你流》《涟漪》《偏偏喜欢你》《摘星》《凝望》《我的故事》《烟雨凄迷》《一生何求》等分别入选第二、五、六、七、九、十、十一、十二届香港"十大中文金曲"，成绩仅次于当时的天王级歌手谭咏麟。演艺事业巅峰时期，可谓千万荣宠集于他一身。

直至张国荣的一首《Monica》问世，香港乐坛瞬息便风云变幻。街头巷尾开始有人传唱张国荣的歌，音像店的陈列架上开始挤满张国荣的唱片。而旁人的唱片位置总要空下来为张国荣准备。甚至，包括陈百强的。

1985、1986年，张国荣先后推出优质唱片《为你钟情》《Stand Up》。一方面不断拓宽歌路，一方面佐以精彩舞艺令受众耳目一新。

且张国荣加盟的“华星唱片”是香港无线电视广播公司（TVB）的附属机构，强势电视台音乐节目的出镜率，令张国荣成功吸引了不同年龄和阶层的受众。

1987年，演艺事业如日中天的张国荣离开“华星唱片”，转而加盟“新艺宝”，并推出加盟之后的首张唱片《Summer Romance》。此时的张国荣日渐摆脱年轻偶像的包袱，形成自己独特又成熟的演艺风格，走上实力派歌手的道路。

陈百强与张国荣，仿佛是时光错置的两个人。既生瑜，何生亮？岁月沧桑，人世炎凉。有时温柔如水，有时又暴烈似火。仿佛是生生便不打算让这二人携手共行，硬要离间出难填之沟壑。许是运命之居心叵测，让两个人走得辉煌又寂寞。

陈百强在音乐方面天赋惊人，但演技方面与张国荣相较又要逊色几分。张国荣后来也说：“电影来说，很多人都看好我，但在唱歌方面他是凌驾于我之上，也可以说这个阶段很长。也因为这些情形让我们有了一些不太咬弦的感觉，或者见了他的时候有些避忌，有些不太高兴。”

但二人起初合作之时，星途顺畅的陈百强饰演的总是正面讨好的角色，而张国荣只能退而求其次，饰演反面角色，又因演技入木三分，难免招来不假思索的观众的怨怼和骂声。

张国荣曾回忆道：“钟保罗拍电视剧被车撞到了脚……在那时我

们的经理人就生了一个念头。这个念头就是要开筹款来治钟保罗脚伤的演唱会。在那个时候同场一起表演，我打头阵，陈百强是压尾。那个时候我发觉我们在名利方面争得很激烈，我不想再跟他有什么合作。所以在《失业生》上演的时候，我就向记者宣布了不会再与陈百强在电影上、歌唱上合作。”

就这样，一段情分就此瓦解。

行走在这浊浊尘世，与人情世故纠缠交织，欲望是毒，却又令人好着迷。张国荣与陈百强，纵是千万人恋慕，亦都只是寻常男子。心中亦有所想，有所念。两人皆是生性孤独又敏感，凡事要争个第一。于是，在年轻的岁月里，任凭一腔欲念，将两人情分挥霍殆尽。

是两个少年在彼此孤助无依之时，相遇相知。却又终于在俗世人海当中，渐行渐远，直至丢失了彼此。最心酸的，大约就是昔年秉烛夜谈共饮岁月的两个人，再相见时，似路人。

时岁之残酷，便是送葬温柔，送葬爱。

香港的 20 世纪 80 年代，是一个充满传奇的年代。传奇的，不只有音乐，还有他们的路途生涯。每一步，都令人惊叹。每一次转身，都令人难忘。每一次相遇、重逢、别离，都令人扼腕。

1992 年 5 月 18 日，三十四岁的陈百强酒后服药昏迷，变成植物人。次年 10 月 25 日，绝尘而去，年仅三十五岁。生前，陈百强总将一句话挂在嘴边，他希望得到的，始终都是“被喜欢而不被迷恋”。只是这匆匆一生，迷恋他的人，实在好多好多。

也许昔年，与之同台的张国荣在冷漠颜色之下，也曾为他的歌声暗自沉醉、心碎落泪。是这样与他羁绊甚深的人，来不及告别，便匆匆永诀。只是，人已去，留给张国荣的只有伤心和怀念。至于别的，也就只能化身为尘，在老去的岁月当中，灰飞烟灭。

他是锦瑟，你为流年。

陈百强离世之后，张国荣的车内播放的唱片里依然有陈百强的那一首《今宵多珍重》。在那情深的旋律里，张国荣听到的，大约是声声叹息的往事，和无尽迷离的哀伤。那日，你走在沧桑的巷口，忽然驻足，倚在墙角，无人知道，你在静静聆听隔壁老旧的唱片店里传出陈百强的歌声：

愁看残红乱舞，忆花底初度逢。
难尽垂头泪涌，此际幸月朦胧。
愁绪如何自控，悲哀都一样同。
情意如能互通，相分不必相送。

放下愁绪，今宵，请你多珍重。
哪日重见，只恐，想见亦匆匆。
怀里情人在怨，相爱偏不能容。
情人无言地哭，心怎不隐隐痛。

09
｜钟情

山口百惠。

日本20世纪70年代红遍亚洲的经典女艺人。1980年10月5日，在山口百惠引退歌坛告别演唱会上，有一首经典老歌历久弥新，至今令人难忘。歌名叫《再见的另一方》。山口百惠是双目噙泪唱完这首歌的。

无尽亿光年闪耀的星辰也有生命，
是你教我的。

她唱。

生命之起伏与短长，是不能被预计的。一如，当世人尚沉沦在山口百惠饰演的大岛幸子之妙丽姿影之下时，她却宣告引退歌坛，相夫教子。是在恰当的时候，遇见了对的人，做出了对的事，成就了山口百惠最温暖的一辈子。彼时，山口百惠不会知道，自己引退歌坛之时所凭借的一首《再见的另一方》，竟在不久之后成就了千里之外的另一颗闪耀星辰。

1983，加入华星唱片之后，在当年发掘自己的恩师良友黎小田的监制下，张国荣推出了自己加盟之后的第一张唱片《风继续吹》。唱片主打歌《风继续吹》正是由山口百惠那一首《再见的另一方》改编而成。

歌词是郑国江所作：

我劝你早点归去，你说你不想归去。
只叫我抱着你。悠悠海风轻轻吹，
冷却了野火堆。我看见伤心的你，
你说我怎舍得去，哭态也绝美。
如何止哭，只得轻吻你。
发边让风继续吹，不忍远离。
心里极渴望，希望留下伴着你。
风继续吹，不忍远离。
心里亦有泪，不愿流泪望着你。
过去多少快乐记忆，何妨与你一起去追。
要将忧郁苦痛洗去，柔情蜜意我愿记取。
要强忍离情泪，未许它向下垂。
愁如锁眉头聚，别离泪始终要下垂。
我已令你快乐，你也令我痴痴醉。

你已在我心，不必再问记着谁。

留住眼里每滴泪，为何仍断续流默默垂。

词作人郑国江与张国荣是患难之交。郑国江是张国荣事业上很重要的一个人。1981 年，初出茅庐的张国荣找到当时大名鼎鼎的词作人郑国江为他填词。平常，郑国江一首歌的填词费用为 3000 元，但当时的张国荣经济拮据，只能承担半数。因见张国荣甚有诚意，郑国江便心生恻隐，应承下来。

如是，便有了二人合作的这一首《风继续吹》。

这首歌的广为传唱是张国荣迎来自己黄金时代的征兆。次年，同名唱片《Leslie》当中的《Monica》是向香港乐坛宣告张国荣时代到来的标志性作品。这首作品，在业界和公众中都影响深远，直到十五年后仍被评为港台“世纪十大金曲”冠军。

那一年，热辣的《Monica》为张国荣带来了前所未有的荣誉。除了有超过二十万张的惊人销量，更入选了香港电台第七届“十大中文金曲”和香港无线电视台第二届“十大劲歌金曲”。频繁的曝光率，更令张国荣一举赢得无可计数的忠实歌迷。

彼时，日本乐坛已经形成了比较成熟的流行音乐产业。因此，也诞生了一批才华横溢的唱作者。包括山口百惠、谷村新司、玉置浩二、西城秀树等人，皆是当时炙手可热的风云人物。因此，当时的香港乐坛掀起了一股日语歌翻唱风。

新兴的粤语歌手多有翻唱经历，并且有不少成功的案例。张国荣亦不例外。当时，张国荣推出的音乐唱片里，有好几首都是翻唱日语歌的曲目。在《Monica》红火之后，张国荣更是连续推出了好几首同类型节奏明快强劲的日语歌改编歌曲。

到1985年，张国荣推出经典唱片《为你钟情》。一改往日轻快曲风，主打歌《为你钟情》深沉、感伤又情真。多元化曲风使得张国荣演唱功力得到最大的舒展，也是向乐坛和歌迷展示歌唱实力的最有效途径。亦是走到了这里，张国荣方才更深阔地看见了自己。

创作者与自己所创作的作品之间，时常存在一种共生促长的关联。在岁月沉淀尚且很单薄的时候，作品亦往往是稚嫩简浅的。日渐成熟了以后，创作者内心的粗粝也是日渐得到缝补，心渐玲珑，对人情物事的领悟也愈加深刻，对自己的艺术追求与内心所需灵魂所依也愈加清晰。是以，得到经典。

张国荣与《为你钟情》的因缘即如此。

《为你钟情》——是他1985年人生首场演唱会的第一支歌，是他1986年第二次演唱会的终场曲，是他1989年三十三场告别乐坛演唱会的开场告白，是他1996年开的那家咖啡店的名字，是他对自己跌宕一生经年不改的诺言。

亦是在这一年，世人开始知道，张国荣的身边有一个与之相知甚深的男子一直伴他左右，与之甘苦共度。他便是：唐鹤德。爱是天时地利的迷信。生生世世，人人所求，亦不过只是一个甘苦与共生死相依的痴心人。而他三生有幸，今生能够遇见你。

写至此处，仿佛可见舞台上的他烈烈如火，唱：

为你钟情，倾我至诚，请你珍藏，这份情。
从未对人，倾诉秘密，一生首次，尽吐心声。
望你应承，给我证明，此际心弦，有共鸣。
然后对人，公开心情，用那金指环，做证。
对我讲一声，终于肯接受，以后同用我的姓。
对我讲一声，I do I do，愿意一世让我高兴。
为你钟情，倾我至诚，请你珍藏，这份情。
然后百年，终你一生，用那真心痴爱，来作证。

为你钟情。

这四个字之于张国荣而言，是别有担当的。甚至，贯穿了他舛错流离又孤独至极的一辈子。岁月无心，红尘有情。也唯有他知，在往后更漫长的时光里，再多的星芒，亦不过只是身外负累。经年之后，他所需要的，也不过是夜半孤枕无眠之时，身边有一副可依靠的肩膀和一颗至诚无瑕的心。

情钟一世，方是他毕生所求之境地。

一生但求，遇见你时。
他正美好，你正情痴。

10 | 夜半

俗世之内，哪有完人。

张国荣如是，他亦不是完美的。

他也只是寻常男子之一。只是，较之旁人，他有一张好俊美的面孔，有一副甚好听的嗓音，有一身清风多情的戏骨。如此而已。在好年轻的时候，他不是心无杂念与世无争淡看世情的局外人。他亦是有功利心的。因此，才能在文艺圈里摸爬滚打七年，凭一己之坚忍，力争上游，为自己挣得一条出路。

张爱玲说，出名要趁早。但张国荣运命不济，成名时已近而立之年。所以，个中辛苦于他而言，也是好深刻的。轻言放弃，这几个字于他而言，亦是不存在的。昔年，观众的羞辱与损毁尚不足以击垮他，将来的窘困，再粗粝汹涌，也是不能阻碍他分毫的。

1983 年以前，谭咏麟是香港乐坛独一无二的领袖人。但次年，张国荣凭一曲《Monica》大热，情势直逼谭咏麟。彼时，香港媒体活跃，大肆推波助澜，致使谭、张歌迷水火不容，乐坛出现了前所未有的热闹状况。后来，词人黄霑戏称此现象为“谭张争霸”。

谭咏麟，生于1950年8月23日，已故足球名宿谭江柏之子。曾是失败者乐队成员。1973年，失败者乐队重组，更名温拿乐队，谭咏麟任主音歌手。温拿为谭咏麟积累了不少的歌迷。乐队解散之后，谭咏麟连续推出多张优质唱片，并在1984至1987年连续四次赢得年度香港“最受欢迎男歌星”奖，一时风头无两。

谭咏麟是乐迷宠冠一时的歌者，自是有极重的分量，又是好骄傲的一个人。因此，当街头巷尾传唱《Monica》，谭咏麟自是承担了好大的压力。张国荣年轻，又有一副天生的好样貌，亦奔放活泼。站在舞台上，总会令人青眼有加。

甚或，连他自己有时看着张国荣，也觉得，这男子，真的是极妙。成为巨星，亦是早晚的事。只是，谭咏麟的歌迷爱他心切，断断不能忍受有旁人抢了自己偶像的风头。于是，便与张迷产生激烈的矛盾，骂战不休。

无奈，张国荣走红情势不可遏制。1986年，张国荣以《当年情》和《有谁共鸣》再次入选“十大中文金曲”和“十大劲歌金曲”。1987年，数十位歌者争相发行唱片抢夺市场。张国荣也推出唱片《Summer Romance》，当中的《无心睡眠》又一次入选“双十大”。并且，此唱片自发行之后连续六周高居唱片销量榜首，销量超过三十五万张，胜过谭咏麟，赢得第十届香港十大中文金曲“全年销量冠军大碟奖”。

这一年，张国荣迎来自己音乐生涯的最高峰。

1988年，发行唱片《Virgin Snow》和《Hot Summer》的同时，二十三场“百事巨星演唱会”，张国荣劲歌热舞，热辣性感的舞艺加沉稳深阔的嗓音，令无数歌迷沉醉难自拔。值得一提的是，20世纪80年代亦是张国荣广告代言的丰收时期。张国荣是香港第一代拍摄“百事可乐”广告的“百事巨星”。

正是1984至1988年这几年时光，张国荣的声望直逼谭咏麟。张国荣音乐颇得日本音乐精髓，并且他歌舞俱佳，又有一副好洋派的俊俏形象，时间愈久，便愈受香港年轻一代人的追捧。而谭咏麟资历口碑皆是上佳，仿佛“谭张争霸”是必然要形成的局面。

虽然谭咏麟和张国荣二人并未在公众面前表现出竞争或是相斥的姿态，但两派歌迷的矛盾冲突却愈演愈烈。尤其是谭咏麟的歌迷，逢有张国荣的演出，必定拆台，加之媒体煽动，荣迷亦开始对抗，以至于最终演变成难以收场的伤人事件。

张国荣的演出遭到谭迷的嘘哄是常有的事。且在公开场合频频遭受谭迷恶语诋毁。更有甚者，会有谭迷在张国荣演出之时刮花张国荣的爱车。两派歌迷群体斗殴也是有的。

面对愈演愈烈的歌迷争斗事件，1987年香港无线电视台“十大劲歌金曲”颁奖典礼上，谭咏麟领下“最受欢迎男歌手奖”唱完《无言感激》后公开宣布，此后不再接受任何奖项。虽后生可畏，但在“谭张争霸”过程中，谭咏麟始终略占上风，张国荣若想赶超谭咏麟，短时间内势必是艰难的。

谭咏麟爱极音乐，实是不忍因外界虚晃之加赞或诋毁令自己的艺术追求变得功利，受到贬损。因此，他选择做出这样一个避绕喧闹的声明，实是有大智慧的男子。他之所以至今仍是乐坛不倒的常青树，自然是与其人格、智慧有深切关联的。

也是因着谭咏麟这一举措，无形当中成就了张国荣。在谭咏麟宣布不再受奖之后，谭咏麟一心在音乐作品上精益求精，这以后的十年里，谭咏麟的音乐唱片，每一张都质量极高，被乐迷视为珍品。有所得，有所失。人生漫长路途之上，向来如此。知足，方可常乐。

虽然在谭咏麟宣布拒绝领奖之后，张国荣一再赢得“最受欢迎男歌手”奖，使其演艺事业再上一个高度，但歌迷纷争带给张国荣的困扰并未休止。直到1989年张国荣引退歌坛之后，方才有所缓和。

虽然在音乐追求上，谭咏麟与张国荣并未有共识，但亦是惺惺相惜的两个人。二人皆知，棋逢对手将遇良才，才是妙事。否则，漫长路上，孤自高歌，也实在是一件好寂寞的事情。

1990年，在张国荣引退歌坛之后，谭咏麟甚有感慨，曾以一首《艺海浮台》向引退的张国荣致意。九年之后，二人更是突破一切僵持，登台合唱了一首《幻影+雾之恋》。在张国荣复出歌坛备受争议的艳异演出之后，谭咏麟亦曾为他拍案叫好。

世事浮沉，人心忐忑，同行之内想要发自肺腑地欣赏、称赞一个人，并非易事。只有心若莲花，好有修养的人，方才能够斥离庸念，得一心澄净，以心待人待事。亦只有这样的人，夸赞你妙，你方才是真的好。

谭咏麟如是。

张国荣亦如是。

只是那几年，亲爱的你，大约是好委屈的吧。萍踪过往，破碎支离。有纠缠，有损伤，有错过，有背叛，有伤心，有孤单。但世事原本即是好少的圆满。但你知道：人生路上，不深陷，不偏执，懂出离，知喜悦。心有顾念时，一往无前，不顾险阻。心有倦怠时，停下来，是安定。

只想，草木如织，寂静无伤。

唯愿，流年似水，安然无恙。

倾谈三·日影如飞

心是孤独的猎手

11 阑静

寂寂寥寥一生世。

难得忆君君不痴。

年纪轻的时候，张国荣艺海沉浮，也曾追名逐利。但名利是烟云，在得到之后方才能够知其轻微与不足挂齿。在这世上，需要心有持重，用心珍视的东西，不少。但名与利定不在其中。只是生计艰辛的时候，难免有错觉，以为世间幻爱，皆抵不过真金白银。但其实，不是。

能在演艺事业的最巅峰时期引退歌坛，不是寻常人可以下定决心的。张国荣之所以是张国荣，自有他的灵性和觉悟在。许是与生俱来的。如同他的风姿。

自谭咏麟宣布不再领奖之后的第二年，张国荣便当选香港年度最受欢迎男歌手。可谓一枝独秀。1989 年初，张国荣发行原创唱片《从零开始》和翻唱大碟《Salute》。并且，翻唱专辑《Salute》至今销量更是多达五百多万张，在粤语流行乐坛占有十分重要的位置。

虽是翻唱大碟，珠玉在前，但张国荣的个人演艺特色十分显著，融入作品当中，给予了当中的经典歌曲第二次生命，备受赞誉。张国荣在唱片装帧的背面印下一段话：

几个不能安睡的夜晚，我开始为这一章唱片作筹备工作！一直以来都有一种强烈的感觉，而这感觉亦极可能潜伏在每一个歌者的心底深处，就是希望能够有机会去演绎一些其他歌手的精彩作品！我得承认这张唱片在制作上比起其他我个人的唱片更加困难，理由是因为已有‘珠玉在前’！但为了能够将自己一直以来喜欢的作品演绎出来，我唯有尽心地去将每一首作品努力地唱好！最后，亦是这张专辑面世的最主要原因，便是将每一首翻新的作品送给原来歌曲的主唱者作曲者、填词人、编曲人，以作为他们在乐坛辛苦耕耘的回报及我个人向他们的Salute！

是张国荣有心，要与荣迷分享内里的东西。于是，写下上面的文字。适时与歌迷交流总是好的。创作，本就是一件展示精神诉求的事。与受众交流之于创作者而言是必要的。创作是一件孤独的事，但不能是封闭的，是需要向外打开身心的。

张国荣是一个极具审美品格和自我要求极严格的艺术家。翻唱曲目亦都是一一经过他亲自拣选，精工细作。这张唱片，也可谓是张国荣音乐路途之上的一座里程碑。

任何一条道路都须走得心持信仰，方能行得长远，看得深切，历经得丰沛。张国荣的艺海生涯，是在一种缓慢的自我构建和行进当中积累能量的过程。在损毁、重建、沉淀、整理的步迹当中，他日渐明晓完善着自己的艺术认知。

而每一张音乐作品，每一部电影作品，之于他而言，既是他留在岁月里的印记，亦是时光淋漓过身心的痕迹。因此，回顾张国荣的乐坛生涯抑或是电影历程，亦是追念他一生最重要的部分。

在艺术作品当中，张国荣诠释的亦是在流年的缝隙当中，支撑他过完这一辈子的所有人生哲理与智慧，都是爱留于世的见证。包括与亲人的远近相待，与友人的贴心相持，以及与隐秘的爱人唐鹤德的相偎相扶。

冷离爱意的艺术作品，无论是音乐还是电影，皆是不足以挂齿的。张国荣在艺界的成功与声望，与他自身对爱持重的态度关联密切。张国荣寄予在艺术作品中永恒不变的主题，是他的爱之天性、爱之信仰、爱之梦想。

至1989年，在香港乐坛，张国荣的声望已是无人相媲，亦真正有了一种尽处孤零的寂寞。俗世纷扰之热闹日渐远去，夜之孤静时分，亦难免有失落。大约，有那么几个时候，他独饮红酒，看琉璃闪烁，念及陈百强与谭咏麟二人时，心中是有过些许遗憾的吧。

在推出唱片《Final Encounter》之后不久，张国荣决定在最巅峰处引退歌坛。是要有多勇敢，方才能够放下最心重的东西，与之远离？事到如今，许他也只是想，在最好的时候，淡一淡，放一放。最好的告别，是在最热烈的时候，大方谢幕，回眸一笑。

1989年，张国荣三十三岁。生日那一天，毫无预兆地，他向公众宣布了要引退歌坛的决定。是，如他所言，他只可以光荣离去，任何人都不可能将他逼走。

张国荣坦诚。他说：

做一个艺人很多时候的痛苦就是因为他们的快乐和满足建立在观众之上，也就是说在观众的快乐和满足之后我们才可以拥有。如果一个艺人可以及时知道自己什么时候去告别的话，与他的歌迷一起大家都会难过，但是如果当我们跌落下来的时候。我们离开的时候就只有我自己一个人难受。我是一个聪明人，所以，我选择这个时候离开。

更深层的原因，或许是他觅得了更好的途径去表达自己的艺术感知和领悟。譬如：表演。在镜头之后，他得到更多的私人空间去抒发和表达。一个微笑，一个背影，一个站姿，一个落寞的下午，在这背后，皆是属于他的灵魂故事。

香港人对演艺明星的执着，不止于钟情他或者她的艺术造诣，关注度会渗透到艺人的私生活。任何寻常人可犯的错误在艺人身上是不被允许的。这之于张国荣而言，当一名要直面荣迷的歌者，实是一种压力。加之演艺圈鱼龙混杂，社交应酬复杂。张国荣说："待得久了，发觉自己说话也圆滑了，不喜欢，所以，决定退出。"

不喜欢，就退出。

人是需要有时间用来沉淀积累的。所以，张国荣退出歌坛之后，便决定远赴国外读书。他说："念书时觉得自己肤浅，要吸收，要增加厚度，念完了或许会做些与美术或者设计有关的事，例如家私设计，多学习一些有关绘画的知识、古典音乐等等。"

他热爱莫扎特，因他浪漫。
他不爱柴可夫斯基，因他不愤怒。

是这样一个内心温柔凡事留有余地的人。对待演艺事业的态度亦是他为人处事的原则之映照。繁华之后，他只想得来片刻悠闲，晃荡在日照满地的马路上，饮一杯淡茶，看车水马龙人来人往。过一段沉寂、安稳、自如的平静生活。

之后，他邀请张曼玉拍摄了音乐特辑《日落巴黎》，然后，举办了三十三场告别演唱会，结束了自己这一段音乐生涯。张国荣有一首经典的歌叫《有谁共鸣》，是张国荣艺海心路之写照。是的，世间寻欢容易，寻伴侣亦不难，难的是，寻得一种了解、一份共鸣。

抬头望星空，一片静。
我独行，夜雨渐停。
无言是此刻的冷静。

笑问谁，肝胆照应。
风急风也清，告知变幻是无定。
未明，是我苦笑却未停。
不信命，只信双手去苦拼。
矛盾是无力去暂停。
可会知，我心里困倦满腔。
夜阑静，问有谁共鸣。

从前是天真，不冷静。
爱自由，或会忘形。
明白是得失总有定。
去或留，轻松对应。
孤单中颤抖，可知我实在难受。
问谁愿意，失去了自由。
想退后，心里知足我拥有。
前去亦全力去寻求。
风也清，晚风中我问句星。
夜阑静，问有谁共鸣。

12 | 清风

告别年代，岁月倦怠。

是年，他举办了三十三场告别演唱会。第一场，是在马来西亚举办。张国荣的声名远播海外，在东南亚更是名噪一时。在告别歌坛的巡回演出之前，张国荣进行了很长时间的筹备工作，花了很多心思。在服装与制作方面，皆是不惜成本，样样都要做到最好，做到极致。

在马来西亚的首场告别演出十分成功。素来内敛的张国荣甚至在演唱《别话》的当下，不禁落泪。“说再见，惘然话再见，但觉心路极迷乱。心境太混乱，感触太混乱，又似心中抑郁未曾断。说再见，回头梦已远，但觉苦闷慢慢沉淀。多少串旧事，多少个旧梦，尽变心底痴痴的怀念。”

初至马来西亚，张国荣因水土不服，身体不适，腹泻症状严重。登台演出之时亦受腹痛困扰。但他不管不顾，依旧按部就班，化妆，换衣，登台，演唱。在他一开口唱歌之时，诸多肉身困境皆一一淡去，消失不见，如有神助。身体大约也不是真的就丝毫无碍，只是他超出旁人的投入，令一切纷扰都变得不足挂齿。

自己在马来西亚受欢迎的程度令他讶异。飞机抵达之时，便有无数荣迷蜂拥而至，前来接机，令张国荣深受感动。但为了不影响其他旅客，张国荣只能遗憾地与马来西亚歌迷打过招呼便匆匆离去。在张国荣下榻的酒店门口，等候与张国荣亲见一面的荣迷亦不在少数。

甚至，有一回，张国荣欲偷闲游逛，却不想在某百货公司被荣迷认出，随即便被附近众多荣迷包围，百货公司见状，恐发生意外，便不得不落下门闸，暂停营业。是无处不在的热情，围绕着这位远道而来的巨星，片刻不休。

万事皆有利弊。这大约便是作为一名顶级歌者不得不笑纳的欢喜与困扰。是以，他才常想，避一避，找一处安静的地方，看看日落，看看风景，读读书，听听古典音乐，过一段平凡生活。

因为是最后一次在马来西亚演出，所以，当地的张国荣歌迷会也同时宣布解散。张国荣说："对于解散大马的歌迷会我实在有点依依不舍，因为这个歌迷会是在1981年成立的，会长与我也很熟，大家都有很深厚的感情，但这是迫不得已的事，会员们也很谅解。我还建议他们投向梅艳芳歌迷会的阵营，我与阿梅是老友，相信我们两人的歌迷，也能打成一片。"

彼时的香港流行乐坛，女歌者当中，梅艳芳是一枝独秀。人与人的相处、聚合定是要有近似的气场方才能够将关系保持得长久。张国荣与梅艳芳，仿佛是情开两处的双生花。在艺术追求上，从不与世俗苟同。要的便是，活出独一无二的色彩。因她，女子中性造型，风靡一时。

阿梅的事，改日再说。今次，还是说回张国荣的大马之旅。在马来西亚，共有四站的演出——吉隆坡、怡保、槟城，沙巴是最后一站。也是在沙巴，张国荣方才真正看见了他苦寻多年真真正正想要的人生。他说，沙巴因之僻静，海水未被污染，最是澄净。沙巴的海，平静、温柔、清澈，远离俗世喧嚣。

是这样一方简静的天地。

许那日，畅游此方深海之时，他也曾期许过，将来有一日，不唱歌，不演电影，全身而退。与那人，执手不离，生死相依，寻一处隐静的地方，哪怕是荒居山野，看山水恬淡，与清风做伴，亦是美妙。

只是现实好沉重，他又尚且还有梦想。是还有许多未曾做到的事，不愿将他宽饶。也或许，是他到底不忍心辜负了世间人对他的痴心。终还是想要，做一些事情，好遗赠给这匆匆一生些许回忆的美妙。至少，要有一个结局，是真正圆满的句号。

告别巡回演唱，连续二十多场不停唱，旁人也想，但到底是体力有限。只是，张国荣不同，他想要完成的事，务必做到最妥帖最安好。举办演唱会之前，张国荣进行了很长时间的训练。他总想，将最好的演出，分秒不差地献给荣迷多年以来对他的好。

告别演唱会结束之后，张国荣赶赴日本参加了东京音乐节。在日本，知道张国荣的人、热爱他的人，不比马来西亚和中国香港少。几年之后那部《恋战冲绳》更是让他忧郁俊好的形象在众多日本荣迷的心中屹立不倒。那年的东京音乐节，张国荣与日本天王五木宏合唱的一首《追忆》至今依然令荣迷难忘。

1990年1月22日。

这一日，晚风拂过维多利亚港。海风腥咸又哀伤。人头攒动的红馆之前，是忧郁，是伤感，是无尽的缱绻难弃。恋人相拥，落泪，回首往事，曲终情长。难过的，是那种与昔年旧时光交织缠绵的歌声行将远去。

是夜，三十三岁的张国荣在香港红馆举办自己三十三场“告别乐坛演唱会”中的最后一场。这以后，他便放下麦克风，退出歌坛。许将来一日，他会重新登台。许再也不会。关于这场演唱会，香港女作家李碧华在文章里这样写：

张国荣先生的告别演唱会是我岁晚的必然节目。其实亦改过两次期，都因为人回不来，长途电话知会吾友顺延七天，七天后又七天。——幸好他开三十三场，终于赶上最后一场。简直是放下行囊便扑飞。当然我并无他歌迷那么伟大，但不想错过。对一位艺人至为尊重的，是在场、欣赏、鼓掌，有点不舍。当他唱《风继续吹》时，泣不成声，大家都为他精致的一张脸感动。

是的，有时候，令人感动的，可能只是：一个侧脸，一个酒窝；一个眼神，一个微笑；一句谢谢，一句你好；一句晚安，一句再见；一段台词，一帧画面；一页小说里的生死告白，一场电影里的分手不见。

张国荣说，做三十三场演唱会，对他来说，是一种享受。人生得一知己已死而无憾，每一场演唱会皆是人满为患。虽然在乐坛挨苦数年，但而今，他觉得分外满足。他说，“我在这十三年娱乐圈里所做的一切也都是问心无愧，来得安去也惬意”。他是真正的潇洒告别。他说，他很知足。

晚风娉婷，歌声泠泠。他在舞台上，面上是生机勃勃，仔细凝望，却又分明好是沧桑。是这样一个在演艺圈里摸爬滚打十余年的人，也不过只是三十三岁，却又好像憔悴得连歌声都有些老去了。大约，也是时候让他休息。许几年之后，转身遇见，又是一副朗声大笑的静好模样。

你唱：

我回头再望某年，像失色照片乍现眼前。

这个茫然困惑少年，愿一生以歌投入每天永不变。

任旧日路上风声取笑我，任旧日万念俱灰也经过。
我最爱的歌最后总算唱过，毋用再争取更多。

风再起时，默默地这心不再计较与奔驰。
我纵要依依带泪归去也愿意。
珍贵岁月里，寻觅我心中的诗。
风再起时，寂静夜深中想到你对我支持。
再听见欢呼里在泣诉我谢意。
虽已告别了，仍是有一丝暖意。

我浮沉了十数年，在星空里闪，带着惘然。
请你容我别去前，赠出这阙歌，来日某天再相见。
但愿用热烈掌声欢送我，在日后淡淡一生也不错。
那暖暖双手，最后可永远伴我，何用再得到更多。

不曾有幸目睹你昔年风光，只愿今日能在老旧的唱片里温故你那些年光里风姿绰约的暖意。而今，你已去近十年。这十年的光阴之于你，是不复存在的留声机；之于我，或是亿万荣迷，却是沉重又破碎，且又不肯老去的沧桑记忆。

唱完这一首，你已远走。

13 ｜如画

倪匡赞张国荣：

眉目如画。

“张国荣”这三个字之所以成就为香港演艺史上的一种经典，不单在于他本身的艺能建树，也细微到他的个人形象包装和时尚感知，以及在同性爱的情感追求之上所持有的一种笃定和信仰。

引退歌坛旅居国外的张国荣，并不是断绝了所有的艺术展望。他需要一种更为深刻、内敛、全面，更有利于他融入自己骨血的艺术表达方式。因此，引退歌坛之后，张国荣全身心投入自己的电影事业中，塑造了一系列经典难越的银幕人物。

一首歌，可诉衷肠，可道离殇，但毕竟总是有限的抒发和表达。但电影不同。一部电影，便是一段淋漓尽致的人生。一个人物，便是一回灵魂重塑的旅程。他可以酣畅地笑，可以尽情地哭，亦可以安安静静对着日光，沉默地度过一个下午。可以在感情的戏里，自私一回，卸除内心所有的郁结与不安；亦可以编制一段生死与共荡气回肠的爱之传奇。都是此生未完成甚或不曾有亦永不将有的经历。如是，仿佛有过好几生好几世，将海角天涯的世故人情填纳入自己的回忆。而这，实在是令人着迷。

张国荣二十六年演艺生涯，出演过大小电影五十余部。饰演过的角色亦是不计其数。叛逆的少年，骁勇的警官，憨实的书生……每一回表演，都仿佛是一次流浪，在剧中人物的一辈子里漂游晃荡。他剖开心腹、融入血肉的表演，逼真无瑕，令人唏嘘，观者喟叹。

起初的那些年，他一边唱歌，也一边参与一些表演。虽大多是“别人不演的戏”，但大抵也是一种粗粝磨炼。正是1978年到1985年在各色影视剧集当中偏冷角色的七年历练，张国荣的表演天赋得到了最大程度的挖掘和提升，并为张国荣积累了至为重要的表演经验。

出道至1986年这几年，张国荣主要的电影作品包括：1980年的《喝彩》，1981年的《失业生》，1982年的《柠檬可乐》《冲击21》以及《杨过与小龙女》，1983年的电影《鼓手》和《第一次》。1984年的《缘分》，1985年的《龙凤智多星》与《为你钟情》。并出演了电视剧集若干。

在1982年的电影《烈火青春》当中的表演，使张国荣初次受到香港影坛的关注。彼时，在张国荣的歌唱事业尚且未见曙光之时，电影《烈火青春》竟一度为他带来了“香港电影金像奖最佳男主角”提名的荣誉。是以，电影在张国荣的心中有了一个无可替代的位置。

连音乐也不可以。

直至 1986 年，香港著名导演吴宇森筹拍电影《英雄本色》，邀请张国荣出演。彼时，张国荣的歌唱事业逼近巅峰，正是极好的时候。电影《烈火青春》之后，时隔四年，方才迎来《英雄本色》，亦算是他电影事业的第二春。

这以后，电影方面，张国荣几乎每年都会有经典的代表作。1987 年，出演《倩女幽魂》，交识经典大美人王祖贤，戏外总被王祖贤唤作“哥哥”，是以有了这样一个世人皆知的好亲昵的称呼。1988 年，出演《胭脂扣》，与挚友梅艳芳的一段生死恋，令人肝肠寸断，不能忘却。1990 年，出演《阿飞正传》。阿飞，成为世纪经典电影人物。

1992 年，出演电影《家有喜事》。此电影至今依然是华语喜剧电影难以超越的经典之作。电影讲的是一家三兄弟的爱情历练和亲情体悟，故事完整，有理有据，既充满喜感，又处处见温馨。虽然个别细节难免落俗，但无伤大雅。

这是一部“有情人终成眷属”的小成本电影。这部电影拍摄时间短至十三天，令人惊叹。但当年在香港一经上映票房竟高达五千万，名列 1992 年全港年度十大卖座影片第二名。至今，依旧是香港最成功的喜剧之一。

张国荣饰演的是常家的老二，名曰，常骚。人如其名，举手投足间，尽是妖娆。这大约也是张国荣饰演的第一个具有异色性别特质的角色。他与毛舜筠所饰演的梁无双之间有一段欲拒还迎的感情纠葛。

二人仿佛是性别错置的一双人。常骚，妩媚阴柔，细腻胜于女子，心心恋着婉君表妹。他对家中大小事宜皆很上心，是个重情义的人。梁无双，英气逼人，利落潇洒，铿锵外表之下却藏有一颗温柔玲珑心，不忘两小无猜的家明表哥。平日里，两人针锋相对。最脆弱时，竟只有彼此可靠可依。

彼时，张国荣已经身在加拿大。出品人兼主演黄百鸣为了迎请张国荣，特地让导演高志森远赴加拿大给张国荣看剧本。原本常骚一角，黄百鸣打算自己来演，但张国荣回国一下飞机便说要演“娘娘腔”常骚一角。这内中因循大约与张国荣本身的同性爱倾向不无关联。并且，张国荣希望由毛舜筠与自己来演对手戏。

是以，方才有了电影中这一对伶俐的人。

1993年，张国荣出演了自己电影生涯当中至为重要的一部作品——《霸王别姬》。程蝶衣一角，倾国倾城，世人铭心。同年，张国荣再度发力，在电影《白发魔女传》当中，与林青霞将梁羽生的经典武侠故事演绎得无法超越。演艺圈里，美过林青霞的女子，实在难找；俊似张国荣的人，亦实在寥寥。虽后人再三翻拍，但个中情韵皆是不及当年。

次年，又有电影《金枝玉叶》《东邪西毒》两部经典之作问世。

在电影方面，张国荣交给荣迷的答卷是无可挑剔的。所以，你知道，那一年，张国荣决定引退歌坛，迁居加拿大进修表演的决定，是多么智慧。

虽后来他重回歌坛，但他始终知道，自己更需要远离喧嚣嘈杂，在银幕之上，进行更加深刻旷远的艺术表达。那一年，你尚风华，有无限荣光。你知进退，有大智慧。不理人间嚣扰，独自走在风中雨里。淡念世事无依，静守沧桑漫长。

不怪世人常叹：

世有女子千万。
竟不如他，眉目如画。

14

蓝年

音乐是锦瑟，电影是流年。

文艺创作者一生平淡不算坏事。若有二三作品记在人心自是更好。写张国荣的一生，不能不写张国荣的电影。音乐是他的前半生，电影才是他的一辈子。写张国荣的表演生涯，他的几部经典电影代表作品又定是要好好写一番的。

标志张国荣表演技艺日臻成熟的代表作品，是《烈火青春》。那是 1982 年。它是张国荣首次入围“香港电影金像奖最佳男主角”的电影作品。虽未能赢得影帝桂冠，但之于张国荣而言，其意义不亚于《Monica》在音乐方面之于张国荣的意义，是转折性的。

在电影《烈火青春》里，张国荣与汤镇业尚是青涩少年，讲的是 Louis（张国荣）、Tomato（叶童）、Pong（汤镇业）和 Kathy（夏文汐）四名青年男女的故事。

Pong在自己担任救生教练的练泳池与Kathy相识，几次见面，擦出火花，二人相恋。Kathy音像店打工的弟弟Louis在一家餐厅邂逅了失意的少女Tomato。Louis同情Tomato的遭遇，倾心相助，得Tomato恋慕。Louis是富家少爷，四人经常共伴寻欢。但好景不长，在Kathy的日本前男友武田信介（翁世杰）来到香港之后，平淡的生活被打破。

武田信介本是日本恐怖军事组织“赤军”成员。因无法忍受组织的恐怖刺杀行动逃离组织，因而也受到了组织的追杀。一日，四人相约出游，却不想被武田信介连累，遭受“赤军”杀手迫害。Pong与Kathy被残杀。

青春止于海边，止于如血残天。

导演谭家明把张国荣拍得很柔软。不如汤镇业飒爽，不如夏文汐锋芒，也不如叶童始终有一种姿态像想要去流浪。柔软，来源自一种缺失母爱的孤单。当他把头贴在叶童小腹的时候，有一刹那，会让人以为，他日夜寻觅的东西，只是他自己不复再有的婴之年代。只是，青春残酷，时刻都在提醒你：

洁净如婴的时年，早已不再。

十几岁的时候，会想，过了二十岁，一切就稳妥了。那些迷惘与惆怅，那些叛逆和忧伤，那些矫揉造作却又实在表里如一的过往。但是，到了二十几岁的时候，却又发现，现实远比想象的骨感。有更多的困阻在前，至于梦想、自由、爱情，想要靠近，比登天还难，却又只能迎头而上。哪怕路远马亡。

虽然因为《烈火青春》张国荣入围金马奖影帝提名，但在《烈火青春》当中因角色所限，表演张力并不够。直到《英雄本色》，张国荣的演技方才日渐得到认可。

四年之后，张国荣出演了《英雄本色》。在电影中，与周润发、狄龙的对手戏最是精彩。有人这样说《英雄本色》，说这电影，第一遍看周润发，第二遍看狄龙，第三遍看李子雄。话是不错，但张国荣在电影当中的表演已逐渐形成自己的风格，颇有看头。

周润发的迷离眼神，嘴角的火柴，夹着香烟的手指，随风摆起的风衣，辛酸的跛脚……每一样都是好潇洒。狄龙的皱纹，氤散血渍的衬衣，义薄云天的气概……亦样样是令人好着迷。张国荣的哭、笑、不羁、落寞、玩闹，还有刚正不阿，更是美好得要命。就连大反派李子雄，都是俊美得叫人无奈。

是先知道王祖贤，后知道朱宝意。朱宝意，也真的是美。在《英雄本色》里，她与张国荣的爱情戏份并不重，顶多也只是个点缀的角色。可是，那些年，追逐过“神仙姐姐”朱宝意的青年们，而今都已是两鬓花白，沧桑难耐。

那夜，宋子豪带受重伤的小马哥在山上。小马哥说：“真想不到，香港的夜景原来这么美。这么美的东西，一下子就没有了，真不甘心。”这大概是整部影片当中最温柔的片刻了。

有人写过这样一段：“世纪交替，侠客隐于市，香江歌舞不曾休，人面不知何处去。曾经被戏谑为文化沙漠的香江，也曾带给我们如此美好的浪漫情怀，叫人难舍。”但电影都老了，而你们也只能与后来的岁月，道一声珍重再见。歧路沾巾。

都已经过去二十六年了，当年义薄云天的你们竟都已离去这么久了。今下，周润发的新电影刚刚上映，狄龙的皇阿玛也早已被人抛诸脑后，而张国荣已逝世十周年。是的，真叫人难舍。

香港警匪片那么多，独独爱你最深刻。多年之后，周润发已不再轻佻风流，狄龙也已不做豪哥很多年。而你呢，亲爱的张国荣，你唱的那些情歌依然舒缓流淌，而你却已随着琴韵故声仙逝而去。留下的，都是绝唱了。可是，那夜码头激战，小马哥和宋家两兄弟一起与运命对搏的场面，每每念及，仍是难以自禁。

侠影已遁香江夜，江湖曾参碧云天。
尘世空余数人歌，何时再话当年情？

后来，还有《英雄本色Ⅱ》。不一样的人生走向之下是同一种身不由己的江湖情怀。在吴宇森的镜头之下，张国荣的表演魅力日益强大，虽与当时红遍大江南北的小马哥不能同日而语，但风头俨然有盖过狄龙的趋势。

在第二部当中，大反派关山不得不提。1958年，关山凭电影《阿

Q 正传》荣获瑞士罗迦诺国际电影节的最佳男主角。四年之后，他与妻子又生下了大美人关之琳。1993 年，张国荣与关之琳合作，出演了经典喜剧电影《花田喜事》。是样貌极好的一双人，但关之琳却未能幸免于花瓶的宿命。

而张国荣在演技日臻完善的同时，具有异色特质的表演风格也日渐鲜明。彼时，还是小马哥的天下，但无人知道，来日里，有个宁采臣，有个十二少，有个阿飞，有个程蝶衣，还有个西毒欧阳锋，将要弥渗入电影史册里，经久不衰。

三月三月，烟花易冷。
黯然黯然，春正发生。

15 | 书生

1987 年，有人唤张国荣：“哥哥。”

这一年，张国荣拍了一部鬼片，叫《倩女幽魂》。他饰演一名书生，叫宁采臣。书生内敛寡言，又好是单纯。替东家远赴异地收账，颠沛狼狈。见夏侯杀人，一脸惊怵。有一点慌乱，一点惶恐，一点无措。有一种人，从来都是不用假装无辜的。他生来就有一种易碎的气质，是要很小心，很小心，轻轻拿放的。

大雨倾盆，淋湿账本，他一分钱也没有收回来，连住宿的钱也是没有的。人生最困窘的大约就是他风餐露宿、食不果腹。他是经历了。辗转来到兰若寺。“兰若”也实在是好美。美到不能靠近，不能触碰，是带着禁忌的。就像聂小倩一样，哪里是那么容易就能有情人眷属相归的？

燕赤霞与夏侯的一场打斗倒是寻常。精彩的也只是你，站在两剑当中的天真模样。爱你的人，怎样看你，都是好。别人以为的矫揉造作，那人看来也是一样楚楚动人。电影的台词不精致，却无奈，从你口中讲出来，也竟只是纯真可爱。

你不信鬼神，又坐怀不乱，处处与人为善。纵是魑魅横行，大约也是拿你无法。你还有那样标致的一副好样貌，难怪这人世无法留你长久。你原本也是不属于这脏污人间的。是如此，宁采臣，便只有在你演绎的时候，方才是那样遥不可及。仿佛，不来一段跨越三界的人鬼绝恋都无法与你匹配。

王祖贤当然美。美到不敢望，不能忘。只是写你，连多赞几句王祖贤的心思也没有了。你见女子美如斯，竟也不心生妄想。电影故事是假的，所以，聂小倩不是常人可预见的。宁采臣也是虚构的，所以，连王祖贤也不能让你惊心。但你是真实的。所以，她才在戏外时时都要唤你一声“哥哥”。

她说，她叫聂小倩。她给你留下一帛书信，要你不要再来找。你偏不。你是这样缓缓地恋上她。缓慢到世人都看清了真情意与好色心的界限。真正的相爱，大概就是要跨越生死，天涯海角也不相忘的。你们，也算是真正的不离不弃，生死相依了。

电影里，宁采臣、燕赤霞和聂小倩与姥姥、黑山老妖的打斗场面，不足挂齿。最令人难忘的，是宁采臣找回聂小倩的骨灰逃离兰若寺入住云来客栈的那晚。灯笼高挂，妖气弥天。你们是从黑暗中来，又往黑暗中去。

是在客栈的残旧木桌上，宁采臣温柔铺开那张小倩画像。提笔蘸墨，他一句，她一句。写下："十里平湖霜满天，寸寸青丝愁华年。对月形单望相护，只羡鸳鸯不羡仙。"又见你二人执手相拥纸窗前。窗外，是一阵一阵，梨花似雪。夜色好温柔，痴心两无边。末日里的不忍离别，最是令人肝肠寸断。

第二日，爱还在，她已不在。

程小东的《倩女幽魂》拍了三部。张国荣出演了前两部。王祖贤始终那么美，张国荣又始终演得那么到位。蓄须的他，是真的更有味道了。一句"十里平湖霜满天"，让他从聂小倩的宁采臣生生变成了傅清风的诸葛卧龙。而第二部，也早已与鬼片的题材性质相去甚远，分明是一部政治讽喻电影。

片子开头：草革裹尸，黑店遍布，百姓靠抢劫和吃人肉为生。宁采臣自语：小倩，这个世道做人不如做鬼。就像上一部里，小倩女鬼身份暴露之后对宁采臣说：世界上很多人害人，比鬼还凶。

后来，宁采臣无辜被抓。牢房里，遇牢狱生活数十年的江湖名士诸葛卧龙。他对宁采臣说："写游记，说我泄露国家机密。写历史，就说我借古讽今。注解兵法，又说我策动谋反。写神怪故事吧，又说我导人迷信。最后改写名人传记，嘿嘿，结果这个名人失事，被定为乱党，我跟他一块儿被判个终生监禁。"

吃人的社会里，人比鬼可怕得多得多。

拍摄《倩女幽魂》那年，张国荣在当年的香港电影金像奖上再次获得了影帝提名。只是提名影片不是《倩女幽魂》，而是《英雄本色Ⅱ》。倒也不遗憾，宁采臣很多人演过，比如后来的陈晓东、黎耀祥、胡歌，还有《新倩女幽魂》里的余少群。但翻拍无数，哪里还有当年那个俊似兰、静似竹的人好？

张国荣那首同名歌曲，更是惊艳不衰。每一句歌词，都是一段旧时光。每一段旧时光里，都是回忆漫长。枯藤老树，烈风骏马，青灯古刹。美人落花，书生清茶。还有，人鬼殊途，爱恨天涯。每个男子心中大约都曾有一个聂小倩，就好比每个女子心中总会住着一个宁采臣。

怀念你时，理应有一场合唱。
唱那一句“人生路，美梦似路长”。

人生路，美梦似路长。
路里风霜，风霜扑面干。
红尘里，美梦有几多方向。
找痴痴梦幻中心爱，路随人茫茫。

人生是，美梦与热望。
梦里依稀，依稀有泪光。
何从何去，去觅我心中方向。
风仿佛在梦中轻叹，路和人茫茫。

人间路，快乐少年郎。

路里崎岖，崎岖不见阳光。

泥尘里，快乐有几多方向。

一丝丝梦幻般风雨，路随人茫茫。

世相迷离。

困倦于心的，总是情。

倾谈四 · 禁色蝴蝶

心是孤独的猎手

16 胭脂

世间所有相遇，都是久别重逢。

就比如，年少无心时，爱你浑不知。岁月沧桑后，却寂寞如死。1988年，张国荣出演了《胭脂扣》。假如爱有来生，不知下一世，亲爱的如花小姐，是否还愿意与你陈振邦相遇。世人不知，或许，她自己亦不知。

电影开头，如花在唱。

凉风有信，秋月无边。睇我思娇情绪好比度日如年……今日天隔一方难见面，是以孤舟沉寂晚景凉天……耳畔听得秋声桐叶落，又只见平桥衰柳锁寒烟……记得青楼邂逅个晚中秋夜，共你并肩携手拜月婵娟，我亦记不尽许多情与义，总系缠绵相爱，又复相怜……闻击柝，鼓三更，只见江枫渔火照住愁人……讲到此情欲把嫦娥问，无奈枫林见得月色昏。远望楼台人影近，人影近，莫非相逢呢一位月下魂。

一曲广东地水南音《客途秋恨》至凄至美。

她是一个民国时期的妓女。都说婊子无情，戏子无义。但妓女多情嫖客薄幸的故事却实在又是可信手拈来。她与陈振邦的故事虽也是如此，但不落窠臼。陈振邦在家中排行老二，长兄早逝。为了表示财源旺，人丁广，富家少爷的名字前总会加上一个“十”字。所以，他总被人唤作“十二少”。

那日，他在金陵初遇如花时，如花女扮男装，在唱《客途秋恨》。唱腔旖旎销魂。他也爱唱，是戏中自有颜如玉，被他遇见。妓女众人妻，人客水流柴。来窑子里的男人，多半不是好人。起初，她就是将他当作路过人来打发的。甚至戏弄他，让他等。

这一年，张国荣三十二岁。正是男人最好的时候，丰神俊朗，眉宇之间的迷离胜过了梅艳芳的英气。梅艳芳不够漂亮，甚至不如张国荣好看。但开场一身男装，又十足惊艳。

十二少天生是把谈情说爱的好手。如花哪受得了他这一而再再而三不停勾引的温柔猎手？是以女子爱人，总是从一个温柔断片、一个醉生梦死的幻觉开始。男人爱的是当下，女人爱的是将来，是很难心神合一的。

电影里最好的一幕，是如花喂他吃水果。她说：发财手送进添丁口。他侧身躺下抽大烟的样子，实在是让人看着觉得好快活。张国荣的一双眼实在好迷离，是这样一个天生浪子的模样。

他抱着她说："你有好多种样子。""哪几种啊？"她问。"浓妆、淡妆、男装、不化妆。还有现在，如梦如幻月，若即若离花。"回答她时那一张脸那一双眼，世间大约再没有人能够比张国荣演得更加情深迷离了吧。她又问："你最喜欢哪一种？"他说："都喜欢。分开、加在一块儿都喜欢。哪一种才是真的？"如花深邃，也不去答，只道一句："这么快就想知道，会吓着你的。真的东西最不好看。"可是他偏说："不好看也要看，谁叫我喜欢你。"

谁叫我喜欢你。喜欢你就已足够。你的美与丑，你的清澈或浑浊，你的好与坏，你的暴烈与温柔，甚至，你的背离与守候，都将变成一种令人醉生梦死不愿醒的哀愁。可惜，所谓情话就是有情在时才会宣之于口的话。情淡了，灭了，那些话也就不再有了。

相爱，受阻，殉情。

殉情原本是好壮烈的事。却不想如花死了，十二少没有。如花也是存心要十二少陪自己一起死的。吞噬鸦片时，十二少略有犹豫，如花便在酒里放下四十片安眠药。理应是万无一失了。只是这世间，你越想要的，往往是越不能得到。

她本也不知当年的十二少尚在人世，化身为鬼五十三年也未曾与之遇见。她终难耐相思，来人间这烈烈阳火之地寻找他。是怕来生投胎了不能认得彼此，临死前还叮嘱十二少记住"3811"的暗号。

哪里能轻易找得到十二少呢？世事迁变，已不似从前。他早不是石塘咀人尽皆知的阔少，她亦不过是几十年前烟花巷里凋零散灭的一朵花，而今也只香魂一缕徒然残留人世。

后来她遇到了朱宝意与万梓良。寻找十二少不容易，没有历尽艰辛，但也实在是百转千回。后来，她躲在人群里看了一出《梁山伯与祝英台》的戏。角儿在台上唱："祈求在那天重遇，诉尽千般相思。"是好应景的一场戏。

当年，也是真心相爱过。他不是不够勇敢，也实在爱极过她的。世间人，哪有不怕死的。为了她，死也死过一次了。自尽未遂，真的也不能怪他负心偷生了。那一年，他甚至为了她弃父母、弃财富，甘心为她学戏谋生。只是这戏哪里是好学的？就好比这爱，要宁死坚持，又哪里是那么容易的？

连戏班的老倌都说："这人生如戏，戏如人生，唱戏，就是把人生拖拖拉拉的痛苦直截了当地给演出来，不过戏演完了，还不是人生拖拖拉拉地痛苦。"

这痛苦，不想竟拖拉到了他的老年，她的下一世。不，还没有到下一世，幸好还没有。后来，她听人说他在片场当群众演员，在她走后，他散尽家财，几近妻离子散，过得潦倒惨淡。见到他时，她心里只有恨，恨他苟且偷生。但是她又哪里知道，让那死了一次的人他再死一次，是多么艰辛。

她将当年的定情信物还给了他。一枚胭脂盒。所谓，当局者迷，旁观者清。他不知道的只是还有鬼魂这回事，她不懂的是她离去之后他的一辈子无法言说的艰辛。能爱到生死相伴，这世间又有几人？如花离去时，年迈的十二少老步踉跄，追上去，也只想说一句：

“原谅我。”

而今，张国荣不在了，这世间，也将不再有十二少，不再有如花，不再有他的那一句“原谅我”。遗憾总是常有的。幸运的是，张国荣借十二少之名，留下了生前唯一一次饰演老人的那一张沧桑老去的面容。

李碧华原著文章刺骨、辛辣、凄厉。用旁人的话说，李碧华的文章“气氛凄楚而瑰丽，笔力摇曳而沉雄，读来时而莞尔，时而屏息，时而几欲仰天长啸，时而忍不住泪盈于睫”。改编之后的电影原味难再，甚至面目全非。

原著里的爱情远不如电影中的美好。如花更自私毒辣，十二少则更风流无心。改编之后，剧情瑕疵是有不少的。但看一眼他的迷离，也已实在是销魂足够了。所以，如花跟十二少是属于李碧华的，张国荣和梅艳芳是属于这部电影与导演关锦鹏的。

时光远去，故事当中有过什么不重要了。重要的是，再翻看时，它还给我们留下了什么。就好比，年轻俏俊的张国荣是无限魅影，而仙逝后张国荣留下供你我而今不住悼念的，方才是岁月深处最好的哀乐并荣的无可取代的纪念跟回忆。

所谓：

如梦如幻月。
若即若离花。

不单是那爱情，
还有你。
迷离似烟火的，
一辈子。

17 | 阿飞

你还记得那个阿飞吗？

我是不能忘的。

你让苏丽珍看你的表，只要一分钟就好。她想，一分钟而已。也就看了。一分钟到了，你却说："1960 年 4 月 16 号下午 3 点之前的一分钟，你跟我在一起。我会记得这一分钟。从现在开始，我们就是一分钟的朋友。这是个事实，你改变不了，因为已经过去了。我明天会再来。"

他走之后，苏丽珍说："他会不会因为我而记住那一分钟？我不知道。可是我却一直都记住那个人。后来，他真的每天都来。我们就是从一分钟的朋友变成两分钟的朋友。没有多久，我们每天见面都超过一个钟头。"

最好的温柔是，他疲惫回家时，你说，你坐会儿，我给你倒杯茶。其实，那时候她不知道，他要的就只是好短暂的，几天几夜，几个小时，几分钟而已。不是一年两年，不是一辈子。

他是飞鸟，要一直飞，经历爱与被爱，探索，发现，领悟，最后死去。先是苏丽珍，后是梁凤英。一个如水，绵软低微；一个似火，热烈辛辣。一个要走，他也不能留；一个想留，他又留不得。

梁凤英的身段真是好，如鱼似妖，只见她一遍一遍与他缠绕。只是久了，束缚难解的是她自己。她见苏丽珍找他，好难过，又不敢走。因为他说了，走了就不要再回来。最心酸的是，她穿妖艳旗袍从坐着的椅子上起身，丢掉烟，擦起地板。

你离开梁凤英后，去了菲律宾，寻找你的生母。梁凤英无望，去找苏丽珍的那场戏，真是痛。梁黯然："其实我不应该来的，我不应该给你一个痛快的机会。不过我始终觉得他爱我多一点，说到底他是因为我而离开你的。"苏说："这种事，早点知道比晚点知道要好。现在哭的是你又不是我。我已经没事很久了。"

有的人爱得怯弱，比如苏丽珍。
有的人爱得痴懦，比如梁凤英。

有的人对爱无知无觉后知后觉。
来时如露，去时如电，比如你。

后来，你逼迫养母告知你生母的事情。只是，世间事，从来都是天算不如人算。比如，你千方百计寻到菲律宾也不过只是从门前过，她连一面都不肯见；比如，你千方百计流连花园，也终究是逃不过临死之前还想知道她到底过得好不好。

养母不该告诉你不是亲生的，你说。大约是你知道身世之后，恍惚便不知自己从何处来，将要到何处去。你不喜欢工作，热衷飘零。你知道聚散随缘，也懂得随遇而安。但你心里荒凉。你不知道这世上有一样东西，是一辈子也不能抵抗的，那就是——孤独。

我爱王家卫是不比爱张国荣少的。王家卫的电影里，最令人着迷的就是《阿飞正传》和《东邪西毒》。《阿飞正传》是一部关于无根的命运、情感疏离、孤独感、忘却、拒绝以及对被拒绝的恐惧的电影。

每一个画面都是既好淡又好浓烈。每一句台词都是极简单又让人心中激流暗涌。王家卫把张国荣拍得好性感，又把张曼玉和刘嘉玲拍得好心酸。张学友落寞，刘德华孤独。而他们都过去之后，故事已在别处。在梁朝伟的发上、指尖，和昏暗的房里。

张国荣被提名"香港电影金像奖最佳男主角"的次数不少。包括《烈火青春》《英雄本色》《倩女幽魂》，还有《胭脂扣》跟后来的不少电影，但只有《阿飞正传》为他拿到了他这一生一世唯一的一个"香港电影金像奖最佳男主角"。

1990 年，出演《阿飞正传》的时候，他三十四岁。他这一辈子，也已经过去大半了。早已被世事浇漓，内心明晓，诸多的人生道理也抵不过一段孤寂。所以，他把“阿飞”（阿旭）演得举手投足尽是人间烟火，颓废，迷离，漫不经心又好沉醉。

后来，看娄烨的《春风沉醉的夜晚》，里面有一场戏，是陈思成在秦昊的家里独自跳舞。跳得好妖娆、好曼妙。看一眼，似曾相识。再看，才恍然，这不就是《阿飞正传》里的你吗？我在想。

你说：“世界上有一种鸟是没有爪子的，它只能一直地飞啊飞，飞累了就睡在风里，这种鸟一辈子只能着地一次，也就是当它死的时候。”后来，你中枪靠在绿皮火车的床边，等着一切过去。你才明白——“以前以为有种鸟一开始飞一直飞到死的时候才落地，其实它哪儿都没去过，那鸟一开始就已经死了。”

那些风华正茂的女人；那些陈旧苍凉的爱；那些无根的孤凉跟颓靡的流浪；那些生命里无可替代的哀与乐；你历经的时候，也曾一一用心对待，只是你从来不去执迷“结果”。

所以，世人皆以为你浪荡不羁。可是，所谓“结果”是什么？结果，不过只是人之将死的时候一样的无力，一样的伤感，一样的沉默。不能怪你不曾用力地活，只是，你把生命理解得更透彻。从来处来，到去处去，你知道，这一辈子也就只能这样过去了。

放下。清空。你都懂。

是这样的。

寻觅中，或者不知畏惧。
曾是这样的爱，曾是这样的对。
如今，自觉真的太累。
唯愿笑着的醉，唯愿继续的醉。

时光，是对的没说谎。
迷惑的，是这心没了光。
临别中，落了一点眼泪。
然后快乐相对，还是背面相对。

来日的，问昨天便可知。
难料的，是这心没法知。
期待中，度过一生散聚。
明日灿烂地去，还是暗淡地去。

停留是刹那，转身便天涯。

事到如今，唯道一句：

阿飞，你还好吗？

18

—蝶衣

看大王在帐中和衣睡稳，
我这里出帐外且散愁情，
轻移步走向前荒郊站定，
猛抬头见碧落月色清明。
适听得众兵丁闲谈议论，
口声声露出了离散之情。

不通京剧的人听戏听到《霸王别姬》，也是要感慨三分的。单那扮相、唱腔、走板，样样就十足要人心旌摇荡。竟不想，素无京戏功底的张国荣，在那台上一亮相，就如三月烟花，是温柔香软，是风月无边，是过目再不能忘。

1993年，他与张丰毅、巩俐并肩主演了经典大戏《霸王别姬》。依然改编自李碧华的小说。导演是陈凯歌。有人说，在《霸王别姬》里，张国荣遇到陈凯歌，是彼此成全。没有陈凯歌，就没有他的程蝶衣。

亦如陈凯歌所言“没有张国荣，就没有《霸王别姬》”。

1991年，春。引退歌坛的张国荣在加拿大接到香港朋友的跨洋电话，得知自己因《阿飞正传》获金像奖影帝。彼时，他甚是喜悦，加之众友人再三劝说，张国荣决定返港拍戏。是年五月，他遇到了《霸王别姬》。

此影片一经上映，博一片喝彩，被誉为上世纪“一百部最伟大的电影”，同时被评为香港民众“十大最爱电影”之首。张国荣也凭借程蝶衣一角获当年中国电影表演艺术学会特别贡献奖、日本影评人协会最佳外语片男主角、东京国际电影节影帝头衔。

遗憾的是，在当年的戛纳影展上，张国荣仅因一票之差惜败于出演电影《赤裸》的英国演员大卫·休里斯（David Thewlis），与戛纳影帝的桂冠失之交臂。但《霸王别姬》依然斩获了“金棕榈奖”。除此之外，《霸王别姬》还获得国际影评人联盟大奖、金球奖最佳外语片奖等多项国际电影奖项。

当时，陈凯歌十分中意张国荣的演技，几度赴港邀约。张国荣说：“那时候我洽谈的电影有五六部，但机会最大的是陈凯歌导演的《霸王别姬》，这也是我最喜欢的一个剧本，在里面我会演虞姬（程蝶衣），他很爱慕师兄，有点同性恋的倾向。”

原本是一拍两合的好事，不想却一波三折。香港媒体不久爆出美籍华人演员尊龙有意取代张国荣饰演《霸王别姬》当中的程蝶衣一角。得知消息后，张国荣不悦，便决定辞演。所以，他与黄百鸣的永高公司签约，出演了当年的贺岁电影《家有喜事》。

陈凯歌得知张国荣欲辞演的消息之后，立即澄清了谣言。他说自己确与尊龙联系过，但所谈内容皆是电影《边走边唱》的相关事宜，与《霸王别姬》没有关系，更无用尊龙替代张国荣之意。无奈，张国荣已准备开拍《家有喜事》，陈凯歌当下只能另觅演员。

而原本尊龙便对程蝶衣一角甚有兴趣，甚至曾向片方表示愿意降低片酬出演此角色。只是，尊龙对电影拍摄介入过多，并且条件苛刻，终是未能如愿。而陈凯歌也并非如他官方回应那般从未动摇让张国荣饰演程蝶衣一角的想法。

直到 1992 年初，陈凯歌看到香港杂志《号外》的封面。为纪念梅兰芳先生，张国荣反串青衣，现身说法摒除了陈凯歌之前所有的顾虑与质疑。虽已辞演，但性情刚烈的他，欲向世人证明，若与程蝶衣一角错身，是片方的损失。

也确是如此。导演陈凯歌与制片人徐枫，无一不为那一张封面所惊艳。五分灵动，五分娇媚，是如此令人心动的一个扮相。二人皆以为，大约是不会再有人比张国荣更适合这个扮相、更适合出演程蝶衣了。彼时，又恰逢《家有喜事》杀青，制片人徐枫亲自赴港与张国荣接触，游说张国荣“重作冯妇”可使双方都有转圜的余地。

对于张国荣与程蝶衣，陈凯歌后来有一句话说得很实在。他讲：

"选角色是一个颇为曲折的故事，说起来长篇大论，不过我可以说一句，我没有后悔找张国荣演出，因为他真的好。"

张国荣亦实在是爱极了程蝶衣，是以才再度应承下片方的邀请。连他自己也说，自己与程蝶衣很像。是无奈的，身体里住着另一个自己。他需要通过他热爱的电影艺术更深刻地剖析自己，最真实地来表达。他也一定不会后悔，曾有那么一段时间，他不是张国荣，他叫程蝶衣。

电影《霸王别姬》观看数遍，惊艳了数遍，亦疼了数遍。总觉后半部分沉重了些，我是怕极了文化禁锢这种玩意的。每每读到以此为背景的文学作品，或是看到与之相关的电影电视时，总是要难受得心惊肉跳。而电影当中的同性爱情结，也因着一些缘故，被弱化，被扭曲。

香港学者洛枫便说过大致这样的话：李碧华的原著小说《霸王别姬》里原是对"同性爱"采取宽容、平和及自然的态度，但经由陈凯歌改编之后，却带来影片极端的"恐同意识"，扭曲了同性爱自主独立的选择倾向。

他也就此问题采访过张国荣，问他，作为一个认同同性爱的演员，是如何利用的表演艺术，来颠覆影片的恐同意识。张国荣的回答令人很是动容。他说，他看过原著小说，也与作者李碧华交谈过。他很能理解作为中国第五代导演的陈凯歌的个人背景，成长于"文革"，处身于仍然相对保守的文化氛围之下，并且还需要面对影片海内外市场发行的顾虑和压力。他唯能做好本分，演好剧本角色，并尽量在电影可容纳的空间里渗入个人主体的角色理解和表达。

1992 年，春节前夕，张国荣抵京。

抵京之后的四个月，张国荣一直待在北京跟随片方为他安排的三位京剧老师张曼玲、刁丽、史燕生学习京剧的身段做手。既学程派，也学梅派，做了很多准备。

拍戏苦，大家都知道。每日上午，张国荣都要前往北京电影学院练功四小时。包括学习水袖、念白，排练京剧名段。下午，要和陈凯歌谈戏谈剧本。晚上也不得闲，需要对照京剧录影带揣摩、研究。他几乎谢绝了所有的娱乐应酬，一心研习京剧和角色。

原本，片方还想着，剧中难度较高的京剧桥段由刁丽老师来做张国荣的替身。但不承想，张国荣极具天赋，小到兰花指的细末，也是学得分外逼真。张国荣的京剧天分惊倒了不少京戏大师。

影片的艺术指导张曼玲回忆说："我和丈夫史燕生是 1993 年拍《霸王别姬》时认识张国荣的，当时我们是他的京剧指导老师。第一天我们到片场时，他在那里压腿，我丈夫问他：'张先生，你脸怎么这么红呀？'他说：'没事，练的。'后来才知道，他当时发着 38.9 度的高烧，可坚持在练。学戏的这一个多月里，他每天上午都会在片场练四个小时，然后回酒店接着练，就是大家一起吃饭，他都在想动作，甚至连走路都在练习台步。你说他着迷也好，什么也好，总之，我从来没见过这么敬业的人。”

他这个人，虽认真勤苦，但为人又好随和。他从来不会摆架子，耽误剧组成员的时间，每一场戏，一定是按时到场。而那些吃下的苦，于他而言，根本不足挂齿，他说拍戏受伤实在是好平常的事，绝不愿因自己负伤给旁人带来困扰，必定是连番开工，不会耽误的。

张国荣演技之好，陈凯歌最有发言权。

他曾讲：

在我们拍完段小楼承诺要和菊仙结婚而极大地伤害了程蝶衣之后，转场来到了故宫午门外的广场。这场戏是夜戏。我们准备拍摄程蝶衣无意中在袁四爷家找到他童年许诺送给段小楼的那把利剑之后，抢剑去见段小楼，遇到了刚刚进城的日本兵。这场戏，张国荣只有一个镜头。我们在布好光以后，让他坐进了黄包车。在摄影机开始转动时，日本军刀挑开了帘子。张国荣坐在车内，剑旁的脸上是纷乱的胭脂，尤其是嘴边的一抹深似血痕。他的眼睛中露出令人胆寒的绝望和悲凉。停机以后，张国荣久坐不动，泪下纷纷。我并不劝说，只是示意关灯，让他留在黑暗中。我在此刻才明白，张国荣必以个人感情对所饰演的人物做了极大的投入，方至表演到这样的境界。这是他的一个眼神，就让《霸王别姬》迷恋与背叛的主题说尽了。

是如此，不疯魔不成活。

他与程蝶衣运命交织地存在了好久。

小时候，你因手生六指，连戏班也留你不得。小六子生母是妓女，这个角色也不难演，只是蒋雯丽彼时实在好青涩，留下印象的，便只有那一份俏丽。生母见儿子投戏班无门，便一狠心，将他拖到冰天雪地冻了好久，一挥刀，切了那第六指。

终究是彻痛过血染过的人，留在戏班怎么看也是与旁人不同。是天生女相，却有一股铮铮硬气。宁死不唱“女娇娥”，到底想做“男儿郎”。只是你命册里写的不是这样。你是注定要当一辈子的虞姬，为那楚霸王悦、悲、痛、死。

也是只有你段小楼，才能让他改口。
说：我本是女娇娥。

打小儿，段小楼就对你照顾有加。只是靠得太近了。人与人之间的相处，怎样保持一个恰到好处的距离，怕是终我一生也不能明晓了。你亦只有一个凡心。日日得他爱顾，便以为，能这样下去一辈子是最好不过了。但你不承想，长大之后的事情，实在不是你可预计的。

成了角儿的程蝶衣跟段小楼，戏台上依然是默契十足。有哪对人，能像你二人这般，是朝夕相对知根知底，两人一步紧跟一步，齐肩走出来的？你也实在是中了那《霸王别姬》的毒，时日久了，也就难再走出来了。

岁数再大些，段小楼便要娶妻了。而要娶的又是那样一个烟视媚行的青楼名妓。你纵是有一个好身段，又哪里敌得过她一副娘胎里带出来的女儿身，还有那常年浸淫烟花之地练就出来对待男人的一身风情？这男人，有时候要不起你的一颗真心，只愿贪图一具快活的身体。

你能给的，菊仙亦能给。
菊仙能给的，你却担不起。

袁四爷或许是真的发自肺腑疼惜你，但又实在是千金难换你真心。你活在回忆里，活在过去，活在那出“霸王别姬”的戏中。段小楼也知道菊仙替他勾眉上妆不如你，但是无法，用他的话说——“蝶衣，你可真是不疯魔不成活呀。唱戏得疯魔，不假。可要是活着也疯魔，在这人世上，在这凡人堆里，咱们可怎么活哟？”

你说你想跟他唱一辈子戏。差一年，一个月，一天，一个时辰，都不算一辈子。可是这一生一世多少年，蹉跎几何，你亦是预料不到的。也庆幸，跟了段小楼的，是菊仙，不是你。否则，“文化大革命”来了，遭逢批斗那日，吊死在横梁上的人，大约也就不是菊仙，要换成你了。

至于，这电影的后半段，实在是不忍落笔写。“文革”之苦痛，观者唏嘘，但到底也是凡胎肉眼，看着难忍，终不曾亲历。我写不通透。不提也罢。可说的，能写的，也只有程蝶衣和段小楼之“无我原非你，从他不解伊”的缘始缘终了。

程蝶衣，你这一生一世，是甘愿断送在段小楼的手里。大概，你也是不后悔的。既要当虞姬，你也要信奉一个“从一而终”，做戏做到底，死也要死在他的剑下，死在他的身边。

这段《霸王别姬》的戏依然有人在唱。只是那楚霸王也不是楚霸王，那虞姬也不是那虞姬了。“背灯和月就花阴，已是十年踪迹十年心。”大概，临死前，你是很想面对面，来亲自问一问：

若是来世，
生就女儿身，
是否还能跟你段小楼，
花前月下谈一谈情爱缘分。

汉兵已略地，
四面楚歌声。
君王意气尽，
贱妾何聊生……

19 | 西毒

醉生梦死吧，如果你也有伤害。

世间一花一草一木，皆只是安静存在。最是躁动的，唯有人。最是难测的，亦只有人心。王家卫拍电影，最是迷恋人心之细碎之幽暗之诡谲幻变。所以，看他的电影，不宜追索情节，那犹似煮鹤焚琴，如此，便了无趣致了。最好是独自一人，只与烟伴。

电影结束时，烟也抽完了。

不哭不笑，沉思片刻，也就是最好了。

迷恋王家卫的时间已久，只是少年时，不谙世事，就连看到《东邪西毒》这样的珍品，也竟然是困睡过去，当真是暴殄天物。后来再看，方懂何为温故而知新。是以，2009 年 3 月，在距离它 1994 年首映时隔十五年，重新剪辑修复的终极版上映之后，义无反顾地走进了电影院。

张国荣塑造的角色不少，但欧阳锋一定是含蕴最深的角色之一。虽不如阿飞与程蝶衣那般富有张力，却更是考究他的表演功底。大起大落的人生不难演绎，难得温静当中有潮汐。

武侠依然是武侠，只是王家卫镜头背后的张国荣与金庸笔下的欧阳锋已是关联不大。他是独特的一个存在，柔软又冷酷，深邃又顽固。沉迷往事，却不疯魔。张国荣演得当然好，他凭借欧阳锋一角获得了第一届香港电影评论家协会“最佳男主角”。

不少人迷恋1994年的旧版，以“怀旧”之名对新版加以菲薄。窃以为不可取。王家卫拍电影，素来缓慢，从不急于求成，最在意顺其自然，点滴累积。是以，据说今年的新片《一代宗师》拍摄时间长达数年。而当年的《东邪西毒》亦是“拖沓”长久。

只是，当年对它意犹未尽，心中怯怯，以为需要更多打磨。但无奈，因报名参加了1994年的威尼斯影展，必须公映。王家卫不得不临阵率领剧组众人，对电影进行制作处理。将无数片段连缀成篇，并用大量旁白补足。是以，初期的《东邪西毒》成为一部无法依靠剧情跟台词支撑的电影。但，塞翁失马焉知非福？

电影当中大量淡静的旁白，一时惊艳无两，甚是动人。但只有王家卫知道它的羸弱之处。所以，2009年，他重新对电影剪辑修复，弥补当年缺憾，方才有了终极版的公映。

不能说初版不好，但决不能因此执迷，挑剔终极版的种种不是。

是需要持有一颗淡静的心，去看，去品，方才能知王家卫之用心良苦。他不是画蛇添足的人，他所做的，都是为了呈现其在心中更美好更周全的存在。

电影开头，欧阳锋，你已美极。

又有黄药师静肃一张侧脸。

再有如下冷冽几行字。

佛典有云：
旗未动，
风也未吹，
是人的心自己在动。

如此，便足以令人在碟片机上一再重播、回放。

你说：“我叫欧阳锋，我的职业就是帮人解除烦恼。”世人有三千青丝，又有十之八九不如意事。这烦恼，多如漫天闪耀星辰，一人一桩事，怕是终其一生也不能清除完成。又何况，打打杀杀替别人，也不能冷灭你自身一颗烈烈如火的心。那心上，遍是伤口，皆是情毒。是为，烦恼怨愁。

你说，人这一生，“总有些事你是不愿再提，或是有些人你不想再见。有的人曾经对不起你，也许你想过要杀了他们，但是你不敢”。只是，你以为，你离开白驼山，远赴大漠，做打打杀杀的生意，那个女人，还有那些事，你就能忘掉。

在沙漠，你遇见了很多人。

每一个，你都记得清楚，没有忘掉。

——

黄药师。

那日。初六。惊蛰。每年这个时候，他都会来找你喝酒。他是黄药师。每次都从东面策马而来。这一次，他给你带来一坛酒，叫“醉生梦死”酒。他说：“不久前，我遇上一个人，送给我一坛酒。她说那叫‘醉生梦死’，喝了之后，可以叫你忘掉以前做过的任何事。我很奇怪，为什么会有这样的酒。她说，人最大的烦恼，就是记性太好。如果什么都可以忘掉，以后的每一天将会是一个新的开始。那你说，这有多开心！”

你没有喝。但他好像是几杯酒后，往事如烟。仿佛是果真忘了。后来，你知道，酒后失忆的他遇见了女扮男装的慕容嫣，说若是她有个妹妹，定要娶她。彼时，许那一刻，他是真的爱她。只是无法，醉生梦死，让他忘记烦恼的同时，连对一个女人的温柔与承诺也一并丢掉。

他的烦恼，也只是爱上别个女人的困扰。

他因那个女人，爱上桃花。

后隐居桃花岛，等待终老。

所以，你知道，有些事情，忘或者不忘掉，其实根本没有差别，那颗疮痍遍布的心，永远也不会好。那些苦痛，也始终一点都不会变少。依然在那里，不增不减，任你凭吊。

——

盲剑客。

他曾说，他最爱的女人爱上了自己最好的朋友。他也一直说，想回老家看看桃花，趁双目可见，趁未老。他是盘缠用尽，才来找你的。问你是否能帮他解决烦恼。原本，他不必如此心急，甚至可以驻步停留，不流浪，不打杀，讨一碗酒喝，伴着日落。但他偏不，他又说，要在失明之前再回老家看一眼桃花。

后来，你才知道，那个女人，名叫桃花。

闯荡江湖，有的人不为英雄梦想，只为去一个远方，逃离尘烟旧事，躲开悲伤。他是如此，你亦相似。他后来死了，死在一个左手拿刀的马贼手上。一刀毙命。你后来替他回了一趟老家，你没有见到满树桃花，你只见到了一个女人和一匹马。她伏在马背上的哭声，令你一时恍惚，仿佛知道了，什么叫作，错过。

——

洪七。

褴褛衣裳，裸足刀客。因为他叫洪七，所以你一直不喜欢他，你说你的命书里写着“尤忌七数，是以命终”。他本以为闯荡江湖是一个人的事情，却在遇到孤女之后，因她的一枚鸡蛋便替她报仇，断了自己一根手指头。那日十五。皇历上写着：“十五。有雨。土黄用时。曲星。宜沐浴。忌出行。冲龙煞北。”

你问他，值得吗？

他说：“不值得，但是我觉得痛快，这才是我自己。本来我应该没事，但是我的刀没有以前快。我以前快，是因为我直接，认为对就去做，从来不会想什么代价。我以为我这一辈子都不会变。”他以为自己这一辈子都不会变，直到那个女孩来求他，他才发觉自己完全变了。他竟然没有答应她。

他说：“那天，我很失望，我觉得我已经和你混在一起，变成一个人，没有了自己。我不想跟你一样，因为我知道欧阳锋绝对不会为一个鸡蛋去冒险，这是我和你的分别。”

每个人都会为一些东西而坚持，其他人会觉得是浪费时间，但对这个人来讲，却很重要。洪七走后，带走了前来寻他的妻子。看着他们的背影，你说，你嫉妒他。你嫉妒洪七，黄药师嫉妒你。

人生有时候就是这样的，得不到的是最好的。你说：“我终于明白那个女人为什么喜欢洪七，可能是因为他够简单。看着他们走的时候，我的心在妒忌。我曾经也有过这样的机会，不知为什么却放弃了。他走那天，风是向南面吹的，他故意逆风而行。”

那一天也是十五，皇历上写：

失星当值，大利北方。

——

欧阳锋，欧阳锋。

曾几何时，你也拥有一个跟你深爱的女人。但是你想要不敢要。你甚至从没有说过喜欢她。她只希望你说一句话，你都不肯。你一直以为她会嫁给你，最后，她却生生嫁给了你的兄长。真真是，一生负气成今日。

在她结婚那天，你要她跟你走，她没答应。就像她说的：“为什么要到失去的时候才去争取？既然是这样，我不会让他得到。”只是，感情的事情，向来是不能争斗的。从来没有赢家，都只会输得一败涂地。输掉年华，输掉温柔，输掉心，输掉爱。

她说：“我一直以为是我自己赢了，直到有一天看着镜子，才知道自己输了，在我最美好的时候，我最喜欢的人都不在我身边。如果能重新开始那该多好啊。”后来，黄药师也没有再来看你，他孤自住在桃花岛上，春花秋月，以静为食。

后来，你一个人在大漠，喝掉了黄药师剩下的半坛酒。你没有事的时候，会向白驼山的方向望一望。你知道，所谓“醉生梦死”酒，不过是她跟你开的一个玩笑。想知道自己是不是忘记的时候，你反而记得清楚。譬如，你依然记得曾经有一个女人在那边等着你。你说：“当你不可能再拥有的时候，你唯一可以做的，就是令自己不要忘记。”

那日，皇历上写着：

驿马动，火迫金行，大利西方。

你离开大漠，回到了白驼山，成一方霸主。星辰下，潮汐里，往事如梦。这一生一世，那么漫长，仿佛无尽。如果生活太痛，不如得了闲，就醉生梦死一回吧，哪怕你无法忘记伤害。

张国荣拍电影从来都是吃得了苦的。电影拍摄时间历时两年，开拍时，他三十六岁。两年的时间，因演员档期不一，拍摄对手戏的时间难以调剂，唯有张国荣，始终与王家卫一起流荡在中国陕西的大漠里。

王家卫选择的拍摄地点是大漠最荒凉的地段之一。人烟稀少，交通又十分闭塞。万事皆不便利。那时候，张国荣从北京出发赶至拍摄地，须行车二十多小时。路况不佳，行车屡屡抛锚，当中的辛苦与付出，非是常人可以预计的。他又不摆架子，车跑不动了，他就下车与工作人员一起推行。

原本，张国荣饰演的是东邪黄药师。而西毒也不是梁家辉，是盲剑客梁朝伟。但王家卫的叙事原本也不是依靠角色身份方才得以成立的。所以，开拍两个月之后，张国荣的角色身份变成了西毒欧阳锋。是以，我们见到了张国荣的另一种“角色人格”——冷酷、阴郁、落拓、不羁。是一匹西风下的悲伤烈马。

时隔两年，方才杀青。

那年，张国荣已三十八岁。

王家卫的每一部电影都坎坷历尽，得来不易。庆幸导演是王家卫，他从来不会让他的演员工夫白费。他是惜镜如金，每一个镜头都是好珍惜。因此，也可以说是王家卫的叙事风格，成就了张国荣表演艺术的进一步升华。每一件粗物，每一道光线，在他的镜头之下，都是一道绝美之风景。张国荣原本已生得好俊俏，但在王家卫的镜头里，竟让人依然要赞叹，张国荣之美，惊为天人。

还有音乐。

用影评人的灰的话说就是：“不大在王家卫电影中出现的原创音乐，在《东邪西毒》中却是一鸣惊人。时而空灵，时而浪漫，时而缱绻惆怅，时而慷慨激昂，琵琶、木片琴、钟铃、竖琴，甚至吉他，轮番登场，展示着人物的丰富内心和极端感情。几乎不能想象如此华丽而优美的音乐，竟然是出自集监制、导演、演员、动作指导、剪接等多种身份于一身的陈勋奇之手。”

以及那些场景。

的灰写：“大量的空镜。MV一般唯美的画面和复杂的摄影技巧。人在动，风在动，流云的影子飘过大地。蓝天，白云，黄沙，大漠，苍凉的天地间肃立着宽袍大袖的黄药师。独孤求败在大湖中央挥剑起舞，烟波浩渺，飞鸟穿梭。慕容嫣和慕容燕的身影交错出现，剑气激起的水花如大幕一般缓缓落下。”

那些黄沙。那些日暮光影。那些残损破旧的帘幕。那些厚重的云。那些沧桑的酒桌。那些阴暗的洞穴。那些声嘶力竭的马。那些一树一树的伤心桃花。仿佛是来自聂鲁达的诗，或是散文里出现的幽静名词。也或许，根本就是老旧的回忆里浮动的少年们拉手渡河时，面上散开的红晕和盟誓。

20 | 宠爱

谁会比自己，对自己更宠爱？

1995年，你宣布复出歌坛。

引退再复出，总要惹流言纷纷。只怪世风荒诞，你不想要做或者想要做一件事，怎么就非得旁人来批准？不需要。你从来就不是某一个人或者某一群人私有的。你只属于你自己。旁人应当有的态度是：欣赏你，鼓掌捧场；不欢喜时，互不相干，不听不看不论断。

期望你引退歌坛之后再不复出的人，大抵都是不那么欣赏你的人。又或者，根本就是别有用心罢了。世界那么大，人族的声音总是那么嘈杂。你说，你要复出再唱几年歌。荣迷都在喜悦欢欣。也是，你到底还是放不下。放不下你的音乐，放不下你对被宠爱的雀跃。世上难事不少，最难的，是清空、放下。

但这对香港乐坛，亿万荣迷，是好事一桩。

你依然向媒体和公众做了解释。原本，这是没有必要的事情。但是你为人严谨，旁人对你轻蔑，不代表你要回之以淡漠，你选择解释，是因为你懂得人与人之间若要维系一个长久的良好关系，尊重，是头等重要的事。

你说："我是反悔了，但这并非是自掴嘴巴。六年前我退出歌坛，当时我并非做戏，而是真的想这么做。但是随着岁月的流逝，年纪的成熟，我的心路历程也改变了，想法和当年不同。而且这几年间，我时时都想唱歌，不过多数时间是关在房里自己唱，有时候是在朋友的派对上唱，我实在是太喜欢唱歌，现在，我做回我自己喜欢做的事情，有什么不对？"

1995年，宣布复出歌坛之后，张国荣签约滚石唱片，推出音乐唱片《宠爱》。一共十首。收录的都是他这几年所出演的经典电影作品当中的主题曲、插曲。

包括：

《A Thousand Dreams of You》（电影《风月》插曲）、《深情相拥》（电影《夜半歌声》插曲）、《夜半歌声》（电影《夜半歌声》主题曲）、《今生今世》（电影《金枝玉叶》插曲）、《当爱已成往事》（电影《霸王别姬》主题曲）、《一辈子失去了你》（电影《夜半歌声》插曲）、《追》（电影《金枝玉叶》插曲）、《眉来眼去》（电影《金枝玉叶》插曲）、《红颜白发》（电影《白发魔女传》主题曲）、《何去何从之阿飞正传》（电

影《阿飞正传》主题曲）

这一张音乐唱片是张国荣从引退歌坛到复出伊始的过渡作品。虽不能代表张国荣音乐生涯后期的音乐风格走向，但也着实是一张极具品质的音乐作品。对张国荣来说，这也是给自己这几年从影生涯的一个最具诚意的最好的交代。

说说当中的几首歌和与之相关未写及的电影。

1993年，张国荣出演了电影《白发魔女传》。

故事还是梁羽生的武侠故事。是有情人未成眷属。卓一航与练霓裳的故事，不惊动。而看电影时，我分明觉得这是张国荣与林青霞的爱情事。一首《红颜白发》，你唱得是愈发好，曲子亦足够婉妙。何况，还有林夕的词，又是加分不少。“从前和以后，一夜间拥有，难道这不算，相恋到白头。”旷世之恋，都是奇谈。

1994年，张国荣出演了电影《金枝玉叶》。

电影的英文名非常有趣味，叫作：《He's a woman，She's a man》。电影里，你叫顾家明。这个名字真是好，仿佛应当是一个女作家儿时隔壁那个对自己爱顾有加的哥哥的名字，后来你们各奔东西再未相见，而她却不能忘记你，有一日把你写进小说里。其实，它也真是亦舒笔下曾经的一个名字。在戏里，你对爱上女扮男装的袁咏仪说：“男的也好，女的也好，我只知道我喜欢你。”你们相爱又别离，别离又再聚。

这是一个童话故事。

今生今世，只此一回。

唱片《宠爱》当中，有《当爱已成往事》和《夜半歌声》在前，这首《今生今世》沦为配角。但它在我心里，仍是十足有味，十足的好。你唱："我不甘心说别离，仍旧渴望爱的传奇。"

1995年，张国荣出演了电影《夜半歌声》。

同时，他也首次担任电影的执行监制。《宠爱》当中收录的《夜半歌声》《深情相拥》《一辈子失去了你》这三首《夜半歌声》电影主题曲、插曲，均是由他亲自谱曲而成。其中，《夜半歌声》获第十五届香港电影金像奖"最佳电影歌曲"提名和第三十二届台湾电影金马奖"最佳电影歌曲"提名。名之所归。

1996年，张国荣出演了电影《风月》。

A Thousand Dreams of You。关于你的一千个梦。这个梦做得有点久，久到糜烂了，也不能自知。只是，能在这民国乱世里做一场春花秋月梦，也实在是奢侈了。这场梦，名叫风月。陈凯歌拍风月时还是野心勃勃的，甚至期望它能够超越《霸王别姬》。只是这风月不过是场妖娆梦，梦过，也就够。

你在梦里，叫郁忠良。梦中事大概是这样的：你父母双亡之后去往苏州庞家投靠你那做了庞家少奶奶的姐姐秀仪。但，你那姐夫实在不是个东西，你忍无可忍逃到了上海，阴差阳错投入黑帮，当起了色诱富家太太勒索钱财的“拆白党”。

庞府老爷死后，大小姐如意被立为主事。你是千万般不愿再回庞家的，但是大大发了话，你也只能从了。去庞家色诱如意，为的就是那庞家不可计数的金银财富。只是，人心是个妙物，它会动情，会爱，也会生恨。你是到底抵不过如意一颗如莲真心，爱上了，那谋财的事情也就做不成了。

你孤身返回上海，继续你的老行当。但黑帮大佬心不甘，他把如意接到上海，让她亲眼目睹了你的勾当。再没有比直面你与旁的女人缱绻交织更会令人心灰如死了。

庞家外的那条莲河真是美。你当初初来庞家时，也是从这条莲河渡过去的。唱片发行时，电影尚未公映。一首《A Thousand Dreams of You》复古至极。你一唱，仿佛就能看见大上海的纸醉金迷，灰飞烟灭。

还有，那首《当爱已成往事》。

世人都爱极这一首。欲借张国荣之口，唱出那离散人之痛。往事如你，令人泪眼模糊。你是唱给程蝶衣，而今，世人是唱给你的。少有人注意歌曲开头那一段京剧唱词吧。词是这样写的：“啊呀，依孤看来，今日是你我分别之日了……”将相遇托付给别离，将旧爱托付给往昔。人生太匆匆，唯能将往事留在风中。

而我，私自又很偏爱那首《何去何从》。

尽是风情，尽是骚动，尽是飞烟。仿佛走进旧上海的百乐门舞厅，旋转灯下见妖娆歌女与众觥筹交错。但想觅一角落，坐进那丝绒沙发，端一杯1965年拉菲堡红酒，叫上梁凤英，如果她还在又正当好年纪的话。一起把酒言欢。说一说，那年有个叫作王家卫的人拍的那部叫作《阿飞正传》的老电影。

人海中，看尽寻寻觅觅。
疲惫是我的心，失落是我的情。
人生，总是聚散匆匆。
白天淡淡相逢，夜里轻轻相拥。

我的心，是寂寞，是孤寂。
我的爱，是迷惘，无所寄。
黑夜中，寻觅一些感动。
不知何去何从，不知何去何从。

我的情，来又去，谁在意。
我的梦，去又来，无所倚。
黑夜中，寻觅一些感动。
不知何时相逢，不知何时相逢。

倾谈五 • 春光乍泄

是手的
独心猎
孤

21 | 蔷薇

是年，1996年。

这一年，你四十岁。是你复出歌坛的第二年。你发行了复出后的第二张音乐唱片——《红》。烈烈如火的红。哀艳如火的红。不羁如火的红。它是你以为对自己内心艺术追求与情感依归最好的注脚。

唱片《红》的问世，对于香港乐坛来讲，是一个新的参照。对于你来讲，是一个昔年的温柔梦想得以缓慢实现，是而今你决定突破人世困阻与禁忌，摆脱现实虚假与妄念，与自己灵魂对话的转折。你要在这虚妄人间，与真我追近一回。

红，像蔷薇任性的结局。
红，像唇上滴血般怨毒。
在晦暗里漆黑中那个美梦，
从镜里看不到的一份阵痛。
你像，红尘掠过一样，沉重。

啊　心花正乱坠，啊　猛火里睡。
若染上了，未尝便醉。
那份热度，从来未退。
你是，最绝色的伤口，或许。

红，像年华盛放的气焰。
红，像斜阳渐远的纪念。
是你与我纷飞的那副笑脸，
如你与我掌心的生命伏线。
也像，红尘泛过一样，明艳。

啊　心花正乱坠，啊　猛火里睡。
若染上了，未尝便醉。
那份热度，从来未退。
你是，最绝色的伤口，或许。

这首同名主打歌《红》，仿佛是暗夜里盛开的花朵，开得好夺目。颓靡，沉重；破碎，伤痛。这些年，走过漫长路途。你日渐在幽深夜里，看清自己，摸索出自己灵魂的颜色和脉络。对自己的失去跟所得，你都一一放在心中，并且沉默。

人的一辈子总该有一个爆发的时刻。将昔年沉淀的怜爱与疼痛，一并化作幻觉，交付给电影，交付给音乐，交付给未知的生活。所以，有了这一首《红》。你根本便是一个对生活充满热望的人。你想要，静好却又热烈地存在过。

你日渐做到。

这张唱片里，你依然在创作。当中的《红》《有心人》《意犹未尽》依然是亲自作曲。其中，《有心人》作为电影《金枝玉叶Ⅱ》的主题曲，入围了第十六届香港电影金像奖“最佳电影歌曲”提名和第三十三届台湾电影金马奖“最佳电影歌曲”提名。

电影里，《有心人》是你与梅艳芳合唱的。唱片《红》里，你独唱。“寂寞也挥发着余香，原来情动正是这样。曾忘掉这种遐想，这么超乎我想象。但愿我可以没成长，完全凭直觉觅对象。模糊地迷恋你一场，就当风雨下潮涨……”爱到疯魔时，不问结局，只愿与他之间，当真有过疯狂迷恋一场。

唱片《红》横空出世之后，大受业界好评。无论曲风，还是唱片包装，都是香港流行音乐史上前所未见之前卫风骚。专辑里，那一首极致魅惑之《怨男》，最是贴近“红”之妖娆。身怀爱火，心有痴心。不能怨天，只怨你狠。“怨男没有恋爱怎做人，就算恋恋也恋不过人。”

这一年，你还演了《色情男女》。

这是一部三级片，你跟莫文蔚主演的。里面，还有钟爱的舒淇。莫文蔚之于你，实在是好年轻。还记得你出道时参加的丽的电视台的歌唱比赛吗？是莫文蔚给你献的花。那时候，她只有七岁。纵是相差十四岁，演起情侣，也是半点不生分的。

起初，男主角的演员也不是你，但别人介意脱衣，你却不。别人问你能不能脱。你好爽利地说："脱！当然要脱！"你凡事都是从电影从自己艺术追求的角度考虑问题，你把自己放得好低。你甚至说，只要剧情真的需要，你可以演任何戏，"让我跳粪坑都可以"！是以，《色情男女》注定属于你。

彼时，正值你演艺事业的新高峰，声势强劲。换作旁人，当真是不会接拍《色情男女》的。但你丝毫不介意，片中角色邋遢落魄，但你觉得剧本好、角色妙，所以，扮丑脱衣在你这里，便都不是问题。

电影公映之后，大受好评。1997 年第十六届香港电影金像奖上，《色情男女》连获最佳导演、最佳影片、最佳男主角、最佳男配角、最佳女配角、最佳新演员、最佳原创电影音乐、最佳原创电影歌曲八项提名，张国荣也在他的电影生涯中第六次入围金像奖影帝。

这部低成本电影还有不可忽视的一点是，片中扮演张国荣身边工作人员的演员，大部分都是剧组的真实工作人员。片中的摄影、场务就是片场的摄影、场务，人物名字也不曾替换。导演是尔冬升，他甚至找来了跟自己长相略有相似的刘青云扮演自己。再没有比这更具真实感的了。

还有，舒淇。这是她生命里的巨大转折。她凭借《色情男女》在金像奖上连拿最佳女配角和最佳新演员两个重要奖项。昔日的脱星，借着一个戏里不愿意脱衣的女配角，果真是走上了一条好路途。张国荣知其好，也曾说“不必除衫也能演戏”。只是人生路漫漫，际遇这种事情，哪里是三言两语说得清楚的。但庆幸，她遇到了《色情男女》。也遇到了你。

后来，你不在了。

所有人都在怀念你。

可是，那年你却好淡静地唱了那首——

《怪你过分美丽》：

怪你过分美丽，
如毒蛇狠狠箍紧彼此关系。
仿佛心瘾无穷无底，
终于花光心计，
信念也都枯萎。

怪我过分着迷，
换来爱过你那各样后遗。
一想起你如此精细，
其他的一切，
没一种矜贵。

亲爱的，你可知。

因你过分美丽，天也妒你。

22 — 禁色

你相信同性有真爱吗？

反正，我一定是信的。

你是何宝荣，你是妖，你是瀑布下横过的飞鸟。

你是生生要将他吞噬，连同他的过去将来发肤骨血。

你总是说，不如我们重新来过。然后又逃跑。

是要如何面对你，以泪水，或是沉默。

1997年，听上去有些遥远了。那一年，香港回归。那一年，我连初吻都还没有失去。那一年，王菲出了一张唱片，里面有一首《怀念》。那一年，写了《一个无政府主义者的意外死亡》的达里奥·福（Dario Fo）拿到了诺贝尔文学奖。那一年，所有人都在为杰克和罗丝的生死恋把眼泪流掉。

那一年，我不知道，这世上，有两个男人相爱，并一起去了阿根廷，却一路上失去了昔年的情分跟美好。你叫何宝荣，他叫黎耀辉。多年之后，我依然记得，你们在异国那个窄小的房间里，相拥跳舞，跳了一支“但愿无事常相见”和“此生有你最美好”。

你的电影那么多，渗透我最深的，大概就是《春光乍泄》了。身边也有少年未曾看过，我便想，我出生成长的年代真的是美好。他们大概是再也无法遇到你们在那个粗陋的厨房里跳舞时听到一首《Milonga for 3》的场景了。

你啊，真的是傲娇又任性。

大红片头，“春光映画”几个字熟稔又迷人。你们在一起很久了。你总是发脾气，动不动就说分手，然后又要重新来过。你是真的很自私呢。这一回，你们再度一起，想要旅行。去往南美，去往阿根廷。那日，你买了一盏台灯。灯罩上的瀑布好美，于是，你们便想，去找一找，去看一看。

黎耀辉说：“初初来到阿根廷，什么地方都不识。有一日何宝荣买了一盏灯，我觉得好靓，我好想知道灯罩上那个瀑布在哪里，好不容易才知道叫伊瓜苏。本来想着到过瀑布就回香港，结果走错了路。”

电影的英文名叫，《Happy Together》。

可是呢，你们却既不开心，也没能始终在一起。那日，你们去寻找瀑布，半路车抛锚。你们闹得不愉快。如他所料，你又说，要分开一下，有机会再重头来过。你是好容易就会伤人的。大抵，你是被宠坏了。颐指气使的毛病，真是不小呢。

后来，黎耀辉去了布宜诺斯艾利斯。再碰见你时，你是旁若无人地跟别的男人勾肩搭背从他身边走过，跟别的男人接吻又硬要让他看见。真让人难过。其实，你也只是，想要等他先开口说一句“重头来过”罢了。你又哪里当真能舍得他？你是一点也不舍得的。

你是衣香鬓影，纸醉金迷。
他是醉生梦死，褴褛布衣。

感情这件事里，从来都没有公平可言。爱一个人的时候，生死皆不足为惧。恨一个人的时候，是连死，你都不愿让他死得惨烈。何宝荣最怕什么？孤独，冷清，心如死灰。寂寞长夜。在一起那么久，这一些，黎耀辉都知道。

那时候，他对你是好失望的。他说，让你以后不要再去找他。你果真来找，他也不见。直到你那日遍体鳞伤来敲门。什么话也没有说，你靠在了他肩上。他还是好冷酷，你依然妖娆。大概是真冤孽吧。他一言不发，心里却实在是欢喜。他想，要是你一直这么伤着、病着就好了。那样的话，你就不会离开他。

你依然是好骄纵的。夜半，你想抽烟，他便去买。就连他病了，你也要他做饭给你吃。真是迷恋你们在阿根廷的那个破旧脏乱的房间。真是文艺。其实，每一样物件，王家卫大概都是精心挑选过的吧。

旧黄的墙，木床板，绿色床栏，红色棉被。还有你们俩的白色背心，和格子衬衫。

你要与他亲近，他硬是不允。你把沙发与床拼在一起，要一起睡。他又偏将沙发推开，还厉声呵斥你。于是，你清晨叫他一起散步，寒风冷冽，吹冻了他。你是故意的。因为你生气，气他为何不似从前温柔顺从你，气他为何抵死不愿靠近你，气他再没应你“从头来过”的谎话。

镜头终于到了那一幕。

你们在厨房里跳舞。你穿的是白裤子，花衬衫。他穿的是牛仔裤，条纹背心。那时候的梁朝伟真是健壮，肌肉线条那么好，双臂粗壮，环着你的腰，如在仙境。你的脸上一如既往地，堆满似实还虚的笑。难道，是因着他抽完烟捡起酒瓶替你打架的英俊侧脸，你方才永无法放下他吗？

他后来在餐馆做厨师，遇到了小张。

小张耳聪，喜欢聆听。未交识时，小张说：“这个人（黎耀辉）很喜欢讲电话，听得出来他的语气很愉快，对方一定是他喜欢的人。”1997年的张震也是好年轻，淳朴又天真，坐着数钱的样子真是可爱。也是，他真的很爱跟你讲电话。

拍《春光乍泄》的时候，张国荣已经四十一岁，梁朝伟也有三十五岁了。那一年，张国荣凭借《春光乍泄》连续入围了第十七届香港电影金像奖“最佳男主角”提名和第三十四届台湾电影金马奖“最佳男主角”提名。梁朝伟也凭借它拿到了第三届香港电影金紫荆奖最佳男主角奖。

猛然之间有些恍惚，电影里，分明是两个二十几岁正当好年华的男子。而今，梁朝伟竟然已五十岁，《一代宗师》和《听风者》里，也分明只是个年轻人。张国荣若是还在，竟该是年近六旬了。

美貌这个东西，真是个谜。

后来，你伤病痊愈。他说：“有些事情我一直没告诉何宝荣。其实，我并不希望他太快复原。他受伤的日子，是我和他最开心的时光。”听到这一句时，一时难忍，不禁落泪。爱或不爱，都是苦难。我反复写过很多次这句话。

只是，有些东西，说没有就没有了。他将你的护照藏了起来。是走投无路，才会这么做的吧。要怎样，才能留住你，长长久久地留住你呢？他是真的不知道，真的没有办法了。夜静水寒鱼不食，满船空载月明归。当真，你们是不会“重头来过”了。

你走后的一个镜头：一群人在巷子里踢球。小张的声音很快乐，而他孤自立在别处抽烟，日光越过他的眉眼、发梢。他说：“不知道为什么，那个夏天过得好快。”小张说，他要去一个叫作乌苏里亚的地方。他也很想去，因为他听说那儿有个灯塔，失恋的人都喜欢去，把不开心的东西留下。

小张递给他一台小录音机，让他留下不开心的话。他拿到嘴边，放在右侧的脸边，一言不发？哭了。小张临走的时候，他跟小张拥抱告别。那个拥抱，好漫长。他说，“不知道是不是跟他接近得多了，那晚抱着他时我什么都听不到，只听到自己的心跳声”。

你看，你走了，连小张也走了。

只剩下他，一个人。

他一直以为自己和你不同。可是，人寂寞的时候都一样。这世上，还有比孤独更令人惧怕的事情吗？应该是没有了。又是那个镜头，你们在跳舞。你穿的是黑白格子衬衫，他穿的是红黑格子衬衫。你们抱着彼此，仿佛是抱住了一生一世。

他离开阿根廷之前，决定再亲自去一趟瀑布。你们在阿根廷的故事从这里开始，他打算也在这里一个人结束。后来，你搬去他原来住的地方，每一样陈设都跟往日一模一样。你不时看着那盏灯，听着门外的动静，生怕他来敲门时，你没有听到。

灯罩上的瀑布当真是美极。

你知道，这一次，他是再不会和你“重新来过”了。你抱着他感冒发烧为你做饭时披着的毛毯，伏在里面，痛哭不止。那一头，他站在瀑布下，全身湿透。他也很难过，因为他觉得，站在那里的，原本应该是两个人。

流水如云涌，翻流而下，不复回返。那当中，坠落的也许是回不去的曾经，也许是无法复制的往事，也或许，只是一只飞鸟路过，是不经意落下的泪。“从前”——这种事情，这种词语的意义大概只在于，将来你一个人在夜市的路边摊吃到一种熟悉的味道时，顿住的几秒钟。

后来，香港回归了。
邓小平病逝了。
你们，走散了。

不能忘的是，电影结束，字幕上有这样一行字：

助理摄影：黎耀辉，何宝荣。

1997年。
还发生了一件事。
王家卫拍了一部电影。
叫作：《春光乍泄》。

要记得。

23 | 左右

1998年，你四十二岁。

这一年，你发行了唱片《这些年来》《Printemps》，以及MV影碟《卡拉百分百绝对张国荣》。出演了电影《九星报喜》《红色恋人》，客串电影《安娜玛德莲娜》。还曾受邀担任柏林国际影展的评委。

《Printemps》里有一首《取暖》。是专辑里最喜欢的一首。一听，便知道是陈小霞的作品。后来去查，果真是。陈小霞作曲，杨立德作词。是在这一年，我开始热爱陈小霞。我们拥抱着就能取暖，我们依偎着就能生存，即使在冰天雪地的人间，遗失身份，即使在茫茫人海中，就要沉沦。

1999年，你四十三岁。

这一年，你发行了唱片《陪你倒数》和MV影碟《陪你倒数Leslie Cheung》。作曲《寂寞有害》《小明星》。自编自导自演音乐电影《左右情愿》。那一首令人心伤的《左右手》还为你获得了第二十二届香港电台“十大中文金曲”奖。昔年那一首《Monica》依然被人记得，当选了这一年港台“世纪十大金曲”金奖。

音乐电影《左右情缘》里张柏芝还是美，邱淑贞是老了些了。戏里，邱淑贞是你的旧爱，张柏芝是新欢。故事大抵便是一个关于抉择的故事。故事不新奇，但你拍得情调极好。电影的主题曲便是你收录在《陪你倒数》当中的《左右手》。

这首歌好听。初次听到的时候，也不过只有十五六岁。那时候，通信不如现在发达，买一张 CD 也实在不是一件轻易的事情。存的零用钱总是那么少，但只要足够了，一定去唱片里把你找到。《左右手》是粤语歌，依然发音不准，未能学好。幸你体恤，又唱了一首国语版的《全世界只想你来爱我》。

粤语版是林夕的词：

不知道为何你会远走，不知道何时才再有对手。
我的身心只适应你，没气力回头。
不知道为何你会放手，只知道习惯抱你抱了太久。
怕这双手一失去你，令动作颤抖。

尚记得左手边一脸温柔，来自你热暖，在枕边消受。
同样记得当天一脸哀求，摇着我右臂，就这样而分手。

从那天起我不辨别前后，从那天起我竟调乱左右。

习惯都扭转了呼吸都张不开口，你离开了，却散落四周。

从那天起我恋上我左手，从那天起我讨厌我右手。

为何没力气去捉紧这一点火花，天高海深，有什么可拥有。

留住你，别要走，无奈怎能够。

除下在左右我的手扣，有爱难偷。

国语版是林秋离的词：

我情愿裸着我一双手，让它在长夜里渐渐冷透。

反正它在许多时候，都一无所有。

我会将头发长长地留，把往事一束全都垂在脑后。

反正它是无论如何，都缠住心头。

全世界我只想你来爱我，除了你之外的人都听说。

我的感觉从来不会骗我，可是这一次，它陪我犯错。

全世界我只想你来爱我，我把心情谈得那样赤裸。

谁能证明什么事能够天长地久，我也不想，你承认爱过。

全世界我只想你来爱我，我把心情谈得那样赤裸。

谁能证明什么事能够天长地久，我也不想，要你承认爱过。

你爱我是真的，不要那样说。

我会在梦里哭的很久，会伤害我。

全世界我只想你来爱我。

真是忧伤的一句话。

这一年，你还出演了电影《星月童话》，发行的纪录片《布宜诺斯艾利斯零度》（又名《摄氏零度之春光乍泄》）里，你依然那么美，让人不由怀旧。怀念两年前的黎耀辉跟何宝荣。当然，我私以为这一年你做的最重要的一件事，是你出品并主演了电影《流星语》。

是，拍摄这部电影，张国荣没有拿片酬。
是，电影票房惨淡，全年只有两百多万。
是，初衷未能如愿，未能拯救港影市场。

但是，你当了一回父亲。
你好认真当了一回父亲。

不知道你是否曾经遗憾，这一辈子，你未能生就女儿身，做一回母亲。也未能男婚女嫁，娶上一个好女子，做一回父亲。戏里，你是破产的穷人，穷得一清二白。是以，你开始有机会认真摸索这个人世。世间伤心与苦难，你皆在感同身受。

塞翁失马焉知非福？

你遇到了明仔。小男孩真是可人。那时候，小演员叶靖岚不满四岁，戏里戏外，你对他都是疼爱有加。跟男童拍对手戏是不容易的，哪里会有三五岁就拍戏好投入的孩子呢？但是很奇怪，他是好爱你，好听你的话。还是，他真的不自觉就将你当成了自己的爸爸？

你自幼与父母关系疏离。功成名就时，父亲早已不在，与母亲的关系也未能如期改善。你不是不曾努力，你给母亲买了高级公寓，你也请母亲搬来同住，只是冷淡的年头太久了，始同居一室，竟也已经说不上话。你给母亲买很多礼物，越来越贵重，也常和母亲去高级餐厅吃饭。尽量迎合母亲，说些她有兴趣的、爱听的，陪她看戏。但是无法，救不回了，你们这一段关系。

你后来很伤心地说，母爱是金钱买不来的，或许你这一生，已经注定了父母缘淡漠，只能尽到自己的力量罢了。还好，你拍了《流星语》。既然没有父母来悉心爱顾你，那么你就想去爱顾别人吧。

多年之后，看到郭富城的《父子》，心中恻然。总会恍惚，自己看到的是你和明仔。《父子》里的杨采妮，青春不在，但依然是好美。《流星语》里的吴家丽，从前只觉妖娆，竟不想是什么角色都演得那样好，当年，她还凭借《流星语》拿到了香港电影金像奖最佳女配角，当真是个首屈一指的演技派。

郑钧有首老歌叫，《流星》。

几句歌词，此刻念来，甚是应景。

我想知道，流星能飞多久。
它的美丽是否，值得去寻求。
夜空的花，散落在你身后。
幸福了我很久，值我去等候。

于是我心狂奔，
从黄昏到清晨，
不能再承受。

情愿，坠落在你手中。
羽化，成黑夜的彩虹。
蜕变，成月光的清风。

我纵身跳，跳进你的河流。
一直游到尽头，那里多自由。
我许个愿，我许个愿保佑。
让我的心凝固，在最美的时候。

情愿，坠落在你手中。
羽化，成黑夜的彩虹。
情愿，不再见明媚的天。

24 | 枕爱

2000 年是个好年份。

张国荣好忙碌。先后监制并发行了两张唱片，分别是《Untitled》和《大热》。并一如既往参与制作，《我》和《大热》两首歌均是他亲自作曲。同时，出品了 MV 影碟《Hit2000 张国荣 Leslie》，并亲自导演了几支歌的 MV，分别是《I Honestly Love You》《枕头》《洁身自爱》《你这样恨我》等，又获奖无数。

当然，这一年最受瞩目的是他举办的演唱会。包括“商台 903 拉阔音乐会”、十三场红馆“热·情”演唱会和二十四场世界巡演。张国荣的“热·情”演唱会，当真是好火辣的。很多荣迷都认为这是张国荣从艺以来最成功的演唱会。无论是他个人的表演状态，还是硬件筹备都是无与伦比的一流水准。

演唱会的主题是：我。

我就是我，是颜色不一样的烟火。最后一场，你开幕的一曲《醉生梦死》好是撩人。是有一种天地旷远无爱不欢的壮烈跟颓靡。你站在纱幕之后，一身白色西装，肩有洁白羽毛，胸肌半露，加上一脸好妖娆的笑，真是的靓。再是一首《寂寞有害》，仿佛告诉世人，你这一生，只为寻欢而来。

后来，脱掉西装，散开长发，便再没有人比你能把你的美比下。这些都不是美的代价，你还要穿紧身衣，穿高跟舞鞋，穿贝壳裙。你一抬头，便是真情流露，你一挥手，尽是媚行风流。

你裸足着裙的样子，有一刹那，我以为那是小野丽莎。但你又要性感好多。你脸颊上点的那一颗痣，真是风情万种。才女尹丽川说："一个男人只有阴柔才会真正性感。后来的后来，他开演唱会，着紧身衣裙，长发披肩，眼神如梦如幻，这份嚣张的柔媚，入骨的性感，令男人女人皆为之动容，却又寒冷——那种美过于超然而显得遥远冷漠……"

你还翻唱了邓丽君的《我的心里只有你没有他》。原曲发表于1955年，是巴拿马人 Carlos Eleta Almarán 的创作，首唱者是古巴歌手 Perez Prado，1957年法国歌手 Dalida 将它翻唱成法语版。国语版最早收录在刘文正和邓丽君的专辑中。惊喜的是当年的中文填词人名叫，陈蝶衣。世界总是这么奇妙的。

你还唱了《热情的沙漠》。真是辣热的一首歌。还能有人唱得比你更潇洒爽快吗？是当真没有人能逃离你这一把热情的火。庚澄庆唱得当然也好，只是无法，总是无故要偏爱你好多。也或许是因着唱这首歌时你那一脸的冰凉冷漠，和不经意的邪笑，实在灼热。

黎小田说："张国荣始终高贵斯文，他始终是我心目中的一个天才的贵族级歌手。"你又唱了一次《为你钟情》，是唱给唐先生的吧。这一回，你唱得好哀伤，好凝重，好深情。还有那首《至少还有你》。多年以后，我常常忘了它是林忆莲的歌，我总以为，它是哥哥的，是张国荣的，是 Leslie 的。

我怕来不及，我要抱着你。
直到感觉你的皱纹，有了岁月的痕迹。
直到肯定你是真的，直到失去力气。
为了你，我愿意。

动也不能动，也要看着你。
直到感觉你的发线，有了白雪的痕迹。
直到视线变得模糊，直到不能呼吸。
让我们，形影不离。

如果，全世界我也可以放弃。
至少还有你，值得我去珍惜。
而你在这里，就是生命的奇迹。

也许，全世界我也可以忘记。
只是不愿意，失去你的消息。

你掌心的痣，我总记得在哪里。

我们好不容易，我们身不由己。
我怕时间太快，不够将你看仔细。
我怕时间太慢，日夜担心失去你。
恨不得一夜之间白头，永不分离。

遗憾的是，演唱会再美妙，也不敌媒体喧嚣。张国荣此番演唱会的服饰造型大胆出位，引起一阵热闹，自然也是褒贬不一。以至于，媒体关注的重点都放在了张国荣的穿着打扮之上并妄加评论，对公众的误导实在不小。

事后，张国荣好友林夕说："那场演唱会张国荣好不容易请到一位时装大师帮他设计服装。看过的人都会有很深的印象。但是因为几乎所有的传媒——这个也是香港平面媒体的一种恶习——专门往那些不好的地方挖，结果那场演唱会人们只是注意到张国荣的奇装异服，而没去看的人就不知道他唱得很好。"

学者梁文道也说："我一直觉得香港的乐评缺乏它应有的深度，没有让人过瘾的一面，因为都是比较八卦的东西。香港传媒的那种愚蠢、肤浅反而见证了张国荣的与众不同。他没有去和后来的年轻偶像派附和什么东西，他就做自己想做的。"

演唱会的最后，你依然选择了《我》。——"我就是我，是颜色不一样的烟火。天空海阔，要做最坚强的泡沫。我喜欢我，让蔷薇开出一种结果。孤独的沙漠里，一样盛放得赤裸裸。”你只做自己，只做张国荣，只做独属于你自己的经典。

不管人情冷暖。

无畏世间迎拒。

25 | 烟灭

2001年，你的人生只剩三年。

前一年，你演了《枪王》《恋战冲绳》。还自编自导自演反吸烟电影短片《烟飞烟灭》。这一年，你依然在创作，监制并发行唱片《Forever》，作曲《诺亚方舟》，导演MV《梦到内河》《芳华绝代》，《枪王》还为你再一次获得了第三十七届台湾电影金马奖“最佳男主角”的提名。

电影《枪王》是张国荣与尔冬升在《色情男女》之后再一次合作。那时尔冬升找到张国荣，说这部戏当中的两个男主角都适合张国荣来演，让他选一个。张国荣演艺生涯里多是饰演正面角色的，因此对他来讲，演好人容易，演坏人才需要花一番心思。所以，他说：“不用想了，一定选变态的来演。”

在戏里，张国荣饰演的Rick是个射击高手，也是改良枪支的专家，经他改良的枪，可将其性能发挥到最好。在与方中信饰演的督察在一起射击比赛的途中，一名因炒股失败而精神失常的警察突然持枪威胁人群，危急关头，Rick果断地将其一枪击毙。

枪杀他人给Rick带来了严重的心理负担，并产生幻觉。奇怪的是，在枪杀别人的同时他内心有一种隐秘的快感，令他沉迷深陷难以自拔。心理人格诡异的角色最是难演，张国荣却把角色心理摸索得好清楚，有条有理。只是遗憾，电影剧本深度不够，致使张国荣再度与影帝错失。

那一年的金像奖照例邀请了他出席，并且担任颁奖嘉宾。在给梁朝伟颁奖之前，他说了很多话。素来谨言的哥哥，也不知为何那一年说了那样多的话。又或许，是他知道，若是今次不讲，有些话怕是再没有机会在这样盛大的场合讲出来了。

2002年，你的人生只剩两年。

你仍旧是忙碌，发行了唱片《Cross Over》。还出演了你人生当中的最后一部电影——《异度空间》。当年第三十八届台湾电影金马奖上，你因这部《异度空间》依然拿到了“最佳男主角”的提名。

唱片《Cross Over》里有一首好惊艳的《这么远，那么近》，为你拿奖无数。你作的曲，黄伟文作的词，黄耀明来唱，你来旁白。它分明是应该给王家卫的电影来当主题曲的。电影还应该像《重庆森林》或是《堕落天使》一般的幽暗、颓靡，充满遗憾和惋惜。

（离开书店的时候，我留下了一把伞，

希望拿了它回家的人，是你。）

（2000年0时0分，
电视直播纽约时代广场的庆祝人潮，
我有没有见过你？）

愈夜，愈看愈美丽，
但谁，会来电？
当我，凝视我的脸，
几亿人在爱恋。

画面，在脑内乍现，
波斯湾，最南面。
灯塔中，谁人在约会我？
不必真正遇见。

是谁在对岸，露台上对望，
互传着渴望，你熄灯，我点烟。
隔住块玻璃，隔住个都市，
自言自语地，共你在热恋。

在池袋碰面，在南极碰面，
或其实根本在这大楼里面。
但是每一天，当我在左转，
你便行向右，终不会遇见。

（如果你认识我的话，我今年会收到什么圣诞礼物？
这间餐厅，这只水杯。你有没有用过？）

命运，就放在桌上，
地球仪，正旋动。
找个点，凭直觉按下去，
可不可按住你？

是谁在对岸，露台上对望，
互传着渴望，你熄灯，我点烟。
隔住块玻璃，隔住个都市，
自言自语地，共你在热恋。

在池袋碰面，在南极碰面，
或其实根本在这大楼里面。
但是每一天，当我在左转，
你便行向右，终不会遇见。

（我由布鲁塞尔坐火车去阿姆斯特丹，
望住窗外，飞越过几十个小镇，
几千里土地，几千万个人。
我怀疑，我们人生里面，
唯一可以相遇的机会，已经错过了。）

喜欢的歌，差不多吧？

（李泰祥的新唱片你买了没有？）

对你会否，曾打错号码？
（我怀疑那次，声音好沙的那个是你。）

我坐这里，你坐过吗？
（我认得你的字迹。）

偶尔看着，同一片落霞。
（我由亚洲一直飘到，南美洲。）

是谁在对岸，露台上对望，
互传着渴望，你熄灯，我点烟。
隔住块玻璃，隔住个都市，
自言自语地，共你在热恋。

月台上碰面，月球上碰面，
或其实根本在这道墙背面。
或是有一天，当你在左转，
我便行向右，都不会遇见。

（我买了两本幾米的漫画，另一本，将来送给你。）

2003年，你人生当中的最后一年。

是年，你发行你生命里的最后一张唱片——《一切随风》。里面有七首新作。最难过的是，这一年的4月6日，第二十二届香港电影金像奖举办的时候，最佳男主角的提名名单上，《异度空间》依然榜上有名，但是你已经不在了。也不过只是五天之前的事情。

在电影《异度空间》里，张国荣的眼神是一切。是只有他方能将内心疯魔之人饰演得如此淋漓尽致了吧。或者，根本他只是想借此电影来释放自己内心的躁狂、忧郁和不安。对爱，对人世，对后半生的惶恐惊惧。

他说："我知道我该怎么做。你想我跳下去。你想我死。不过我想告诉你，一直以来我都没有开心过……你死了这么久都不开心，我有什么权利开心？但是我好想忘记你，真的好想忘记你。如果我死了可以满足你和令你开心，我会做。你以为我下去了之后，你就可以忘掉以往不快的事？有些东西破碎了就是破碎了，怎么都不能补救。我们大家怎么都不会忘记，永远都不会忘记……我们以前一起开心过，痛苦过，我两样都会记住，不会再像以前那样，什么都忘记了。我陪你死。"

谁会知，那一年，你真的就纵身一跳。
死了。没有了。离开了。不再回来了。

什么都不再忘记。
什么都不去伤心。

什么都不能让人，
忍心不去怀念你。

倾谈六 • 大端两忘

是的手
独
孤心猎

26 | 不渝

越想要回避的，越是避不开。

比如，你跟唐鹤德的爱。

本来，这是你们之间的私事。所有的旁人，都没有发言权。我亦不例外。是有人会当作谈资，茶后八卦。也有人郑重其事，指指点点。只是，这些都是徒然的，虚妄的，没有意义的。我亦是不能凭一己无知来猜度的。只能写下一些与之有关的，以尊重为前提的，以可考的事实为前提的，自说自话无伤大雅的，假想。

在你尚未功成名就时。

多有落寞无助彷徨之时，幸你遇到这个叫作唐鹤德的男子。对你用心，倾囊相助，掏尽肺腑。唐先生生于1959年，你年长他三岁。他与你同是香港名流张玉麟的干儿子。他毕业于荃湾名校圣芳济中学，念书时是篮球少年，身材挺拔，潇洒俊朗，也是迷倒了不少人。

你认识他时，他已是渣打银行职员，事业也颇顺利。人一生当中，总有几个人，交识于困境，爱顾自己，在心中留有不可替代的位置。他之于你，便是如此。

在你荣光乍现时。

他鲜有公开露面。那时候，你们相处得平淡安稳，大概也会一起看电影，品茶，喝酒，泡吧。也或者，会在日落黄昏时，并肩坐在海边，说一说话。不提爱，不提情，只是论桑麻。当然，你们也一定会避开媒体，偷偷去远方，牵手旅行。如此，也就是在恋爱了吧。想来，你当时应该是好愉快的。

有媒体开始研究你的性取向，无法，世间人那么多，你又那么夺目，总是无可避及地会碰到一些私心好重的人。有人拍到你们的照片，又来质问你，你也无法，到底是怕吓着别人。你多是否认的。那时候，唐先生不知道是理解，还是总隐隐有一些伤心呢。

在你风华绝代时。

你已好有声望，你再不是娱乐圈摸爬滚打的小艺人，你是艺术家，名扬海外，你是香港公民心中的骄傲，是香港的一块瑰宝。世人也不似从前，再锱铢于你的私生活。倒是你，越发心宽，越发磊落了。你终于在 1997 年的演唱会上，公开了自己的性取向，公开了唐先生。压力依然一定是有的，但是你无畏无惧。

你说，只要你我开心，外间无权过问，你只会做回张国荣。

你说，唐先生是妈妈以外，你生命中至爱的人。

你说，你要唱一首《月亮代表我的心》献给他。

十八年了。这世间早已爱情速食，今朝明夕，翻云覆雨。谁也不再离不开谁。谁也不再为谁沉迷。谁也不会再说，阻碍再多，也不及双双一起去殉情。唐先生也是很辛苦，你昔年有那样多的顾忌，他也不怒不怨，甘心伴你左右，执手不离。

公开恋情之后，对你们是利大于弊。不用再隐藏，不用再避讳，不用再违心否认，不用再假装你还爱着哪个女人。后来，唐先生辞去了高薪厚职，一心为你打理财务。你不是擅长理财的人，有了唐先生，生活也愈加有了盼头。

李碧华曾写到一则小事——“从前某日，张国荣有意当导演：‘非要找陈道明演一个角色。’‘为什么——’话未完，哥哥指指走过的唐唐笑：‘看，像不像？’真的很像。”

后来，你不在了。爱你的人好多，都说唐先生做了对不住你的事。媒体也来逼问他，他应该很辛苦。不知道你在那一边是否知道，是否更加难过。2002 年 11 月，你曾试图自杀，但未成功。后来，你又一次这样做了。人死了一次之后，多半都是不敢二次自杀的。

到底是怎样的事情，令你不惧死亡，却惧怕生呢？无法猜度，不敢妄谈。只知，你从来有始有终。外界不知道的事情，你大概都有交代妥当了吧。好事者甚至在研究你的财产。人情冷暖，可见一斑。

你好富有，或是好贫困，也从来都不是爱顾你的人会在意的问题。

你走后很久了，他在家中后院为你种满了你生前至爱的百合。每日出行，他都会走到你的骨灰前打声招呼：我走了。每日到家也会叫你一声：我回来了。你还记得 Bingo 吗，你和他的爱犬，他照顾得很好。假如 Bingo 是个孩子，会说话，要是向他问起，Daddy 荣怎么一直都不在家了，他该怎样去回答呢？

记者问他：你这一刻是不是最爱哥哥？
他说：不止这一刻，这么多年都是！

有这一句话，已足够。不是吗？亲爱的荣先生，你是否会有那么片刻的悔意？在想：这世间，人情物事，名利追求，也都不过是烟云过尔。若得一人心，白首不相离，有他一人在侧，便已实在令人满足了。世事难两全，原本即是不该有完美的。

2010 年，陈奕迅在《DUO》演唱会上唱完《约定》之后，说：“有位朋友，我不知道大家还记不记得，我挂念了他七年。今天是他的死忌。他在活着的时候同我讲了句好关心我的话，但我一直都没机会同他讲返一句，直接面对面讲返一句。这件事令我觉得，大家有机会讲的时候，尽快讲，别再想，别还再想那么多。但没有关系，我知道他能听到我的。哥哥，今晚接下来这支歌是代表着我对你的心声，多谢你！”

他唱的是，《寂寞夜晚》。

泪滴染湿了迷蒙两眼，
让万缕思念长怀心间，
想转身偏要依恋多一眼。

未问你心内何时会冷，
望着我的路漫长孤单，
感慨中握你双手叹聚散。

啊　偶然遇见，无谓带泪风中呼喊。
啊　有缘复见，但愿爱没一分褪减。

落寞寂寞的一个夜晚，
重投平凡再见梦幻。
但愿是潇洒告别，
休说可归返。

断断续续的千个夜晚，
无穷浓情怕会渐淡。
静默地拭干了泪，
一切请珍惜，一切将吹散。

27 | 夕颜

有一种人。

他对谁都那么好。
只对自己不够好。

昔日，张国荣说过这样的话：“你只有一条命，我也一样，有今生无来世，所以我们在这一世，要尽可能地对身边的人好，把一颗心交出来。”人生在世，最难最好的便是，扶正一个“人”字。但他做到了。

早年，张国荣也曾与数位名媛淑女恋爱过。但只有毛舜筠最得哥哥的心。昔年，他甚至说：“如果当年毛毛愿意嫁给我，我的一生可能就此改变。”只是那年，你还好年轻，行事雷厉，又冲动，总是难令女子觉之安稳。

还有梅艳芳。二人感情交厚，虽不成眷属，但犹似亲人。梅艳芳情路不顺，昔日还曾跟张国荣玩笑说："如果我真的嫁不出去，你娶我吧。"总有一些人，这辈子大概也不能在一起了。你们是如此，许他或她身边亦有这般一个人，友达以上，爱情未满。但终究是段好珍贵的缘。

得悉张国荣死讯之后，梅艳芳一度不能入眠，日日服用安眠药。造化弄人，同年底，梅艳芳宫颈癌导致肺功能衰竭，在香港养和医院病逝，终年四十岁。是随哥哥一起去了。就当是彼此黄泉路上做个伴吧。也是好的。

生前，你们好有默契的。你们一起登台，连排练也是不需要的。那些年里，你最隐秘的疼痛和爱，大概也未能与梅艳芳倾诉了。你们之间，存在的那一种羁绊之深刻，甚许不比你与唐先生的少吧。

剧作家廖一梅有一句很有名的话：每个人都很孤独。在人的一生中，遇到爱，遇到性，都不稀罕，稀罕的是遇到了解。用来形容张国荣跟梅艳芳的关系，再贴切不过了。

谈到你的为人，你对旁人的爱顾，你身旁的熟客、友人是无一不能说上几句的。昔年曾有幸与你合作《风月》的何赛飞说："我印象特别深的，有一回我们拍对手戏，我演的少奶奶跟他大吵一架，我真是投入进去了，除了使劲儿往外讲台词，还觉得自己浑身都在发抖，连肝都跟着疼。导演一喊停，我根本没听见，但他立刻冲过来抱住我，轻轻拍打我的背，让我放松。那时我就知道，他是一个特别懂得爱、懂得体贴的人。"

已故的肥姐沈殿霞也曾说："他是个很细心的人，我知道他很关心我，知我信奉观音，他去到哪里见到靓的观音就买来送给我，每年一定送两盆橘来我家，逢时节又一定打电话给我，就因为他人好所以更多人关心他。"

对待晚辈新人，你不似旁人心窄。

你当真好希望大家都好的。这一点，张学友深有体悟。他曾回忆道："他对待后辈，从来不会吝啬。他会把你当成一个小孩子般看待。比如我，其实我不比他年轻很多，只是比他少几岁。但他觉得我是他的弟弟，便真的把我当作一个弟弟一样去照顾。无论在起居饮食上，还是对我有什么意见、提点，他都是这样。所以，只要你开始跟他交往，很快便会把一颗心交给他。"

那年，张柏芝出了车祸住院，你还特地去医院把自己随身戴了多年的护身符送给她。你说，它是你一直戴着，保佑自己平安的，希望它也能护佑张柏芝。张柏芝在你去世之后责问自己，是不是因着那年你将平安符送她，你自己便未能平安了。

连素日里打交道甚少，许也就只有一面之缘的工作人员，你也期望能尽量周全，给予温柔。词作家黄霑说："(他的)演唱会结束后，近一百位工作人员每人都能收到一份哥哥亲手挑选的名牌礼物，礼物上有哥哥亲手写的上款和下款。而他送出礼物的时候，对每位工作人员，无论其岗位是大还是小，他都唤得出他们的名字。有两位同名的，他亦分得清楚，完全没有弄错。”

做人，用心到此种地步的人，世间当真是极少极少了。这是一个私心好重的时代，是一个日日渐新却又分明已经很是沧旧的时代。其实，最令人哀伤的，不是真心错付，是连半点真心也无。

人活一辈子，最好的事大概就是：
当你不在时，依然有人心念着你。

如浮云没有烟，花园总有花。
可以放下不必恋上，那暂借芳华。
童年时没有他，记忆一般似画。
亦每天吸气每天呼气不用靠它，谁觉得弃挂。

如抬头没有烟，心中总有花。
烧散过后烟花总会，似白雪无瑕。
如从来没有他，记忆怎需要他。
亦那么吸气那么呼气哪会惊怕。

君似夕颜。
朝开夜落。

就如此，度过一辈子。

28

——永诀

2003年。

张国荣四十七岁。

4月1日。

皇历上写：

三十。癸未年。乙卯月。甲辰日。

宜出行安葬。忌畋猎取鱼。

辰戌相冲。翼火蛇宿星。

是日，晚，6点41分。张国荣从香港中环文华东方酒店二十四楼坠楼，送香港玛丽医院，经抢救无效死亡。终年四十七岁。不久，香港《苹果日报》刊出了张国荣遗书全文。如下：

Depression！多谢各位朋友，多谢麦列菲菲教授。我一年来好辛苦，不能再忍受，多谢唐唐，多谢家人，多谢肥姐。我一生无做坏事，为何会这样？

Leslie

那日，你是毫无征兆地，便走了。

中午11点，你还好平静，出门午餐。是与相识二十余年的挚友香港设计师莫华炳一起。那时候，非典肆虐，你还好热心地不断叮嘱莫华炳注意身体。席间，你们聊得好开心。是真的好开心。离开时，也是心情甚好的。莫华炳，也未曾留意到异象。

下午，你还与唐先生打电话，告诉他要去运动。唐先生依然好体贴，为你安排司机。五时许，唐先生也打来电话约你一起打球，你也是好爽快地应承了。是约在七点到球场见面的。却不想，唐先生开车半途，接到你前经纪人陈淑芬女士的电话，说你，不在了。

你是文华酒店的常客，不喜人扰，便总是包场。依然是一杯果汁，一个苹果，一包烟。只是，当时，你仿佛忽然便变得好不开心，在会所里来回踱步。后来，经理见你神情阴郁，也曾前来探问，但你只是请她递给你一张白纸，又请人将桌子搬至露台，说书写完便离开。也请人到楼下为你取车。一切都是好平常。

那时，你还约请陈淑芬喝咖啡。却不想，陈淑芬抵达文华酒店地下的咖啡馆后，等待许久你也未出现。你是好守时的人，陈淑芬心忧便给你打过去电话。那时候，你分明已在会所，却说路上堵车。后又致电陈淑芬，让淑芬女士去门外的的士站等候你。

未几，你便纵身跃下，破碎在淑芬女士的面前。

这世间魑魅横行，总有不希望你开心愉悦的魍魉之辈。只是，伤心的是，你真的便遂了那帮人的心愿。如此惨烈地，就走了。是因为怎样的缘故，你害了抑郁症？又是怎样的缘故，你失了昔日的坚强，走到如此地步？

与张国荣生前关系亲密的电台主持人查小欣说："抑郁症把张国荣折磨得好苦。病发初期，他只觉胸口像被利器刺插，很痛，很无助，他们说他痛苦得在屋里大叫。由于不知道是患了抑郁症，他用尽各种方式去帮自己，包括求神问卜，后来在唐先生及一帮好友劝告下，他才去看医生和服药，但最后他还是选择了离开。"

4月3日，张国荣的姐姐张绿萍抵达殡仪馆，与亲友商量灵堂布置事宜。当晚8点20分，张绿萍向记者宣布："张国荣的丧礼将会在4月8日举行，当日上午11点至12点进行大殓，然后出殡，4月7日下午6点至8点会让歌迷入灵堂拜祭。"

家人选定了张国荣在电影《金枝玉叶》海报中身着黑色礼服、指夹香烟的造型相片作为遗照。因张国荣生前爱极了这张照片，电影公司也曾特地将此造型照片镶裱之后赠与他，令张国荣十分高兴。

死亡，是好容易的事。活，却是那么艰难。痛苦、悲伤。重伤、背叛。错过、离散。还有，相见恨晚，真心错付。磨难如此之多，仿佛果真是难以丈量。但，生之欢愉本也在于，运命之不可测、难预知。每一日都是冒险，每一日都是旅行，每一日都是流浪。

《圣经·约伯记》曰："海中的水绝尽，江河消散干涸。人也是如此，躺下不再起来，等到天没有了，仍不得复醒，也不得从睡中唤醒。"生是短暂的，死亡却是恒久的。它与你之间，从来都是不对等的。是直接、粗暴、无可挽回的。是彻底的清空、放下，是永诀，是此生不复有，来生亦不复有。

你真的狠心离开了。
让世人惊撼成这样。

垂下眼睛熄了灯，
回望这一段人生，
望见当天今天，即使多转变，
你都也一意跟我共行。

曾在我的失意天，
疑问究竟为何生，
但你驱使我，担起了灰暗。
勇敢去面迎人生。

若我可再活多一次，
都盼再可以，在路途重逢着你，
共去写一生的句子。

若我可再活多一次千次，

我都盼，面前仍是你，
我要他生都有今生的暖意。

没什么可给你，但求凭这阙歌。
谢谢你风雨内，都不退，愿陪着我。
暂别今天的你，但求凭我爱火。
活在你心内，分开也像同度过。

遗憾此生，未能携手。
唯愿来生，共同度过。

29 —— 如丧

你去之后，所有的人都在伤心。

你去之后，所有的事都变冷清。

王家卫：

张国荣是一个伟大的艺人，也是一个真挚的朋友。在我们共事的日子，有非常愉快的时刻，也有争持不下的时候，因为我们都是有自己想法的人。他常笑说自己是一个传奇，我们有时也会这样戏称他，但没有想过传奇竟是在这种情况下完成，他的死是一个无法弥补的损失，我们会永远怀念他，愿他安息。

毛舜筠：

我平日都不会去想，哥哥其实已经离开我们了。在心底里，我觉得他永远都是我的老朋友，他并没有走远，好像就生活在我们当中，随时都可以想念他。

罗大佑：

张国荣是一个才子，他是一个不愿意看到自己老去的人。（是，你怎么受得了你日渐苍老的容颜和日渐疲惫的身躯？可是亲爱的，那么多的人眷恋你、宠爱你。他们都是不在乎的。）我现在最担心的是林夕，他是张国荣的好朋友，我怕他感情上接受不了。

陈凯歌：

没有张国荣，就没有《霸王别姬》，这部戏也是唯一在戛纳、金球奖同时赢得欧洲和好莱坞认同的中国电影。……后来，我和陈红到香港，主要就是找张国荣，但给他手机打电话一直在留言状态。听香港友人说，他患了忧郁症。我们订好了去韩国的机票，就没有等下去……

陈红：

凯歌和我都哭了！他今天上午出门时就不舒服，下午他把钱包给丢了，来吃饭前还自言自语：今天怎么这么不顺？想不到晚上就听到张国荣自杀的消息。

周星驰：

我认识他十多年了，我一直认为他是个乐观的人，很有上进心，他是个很好的演员。他很照顾周围的同事。他的遗书说是受感情困扰无法摆脱，可我们都已经不再是20多岁的毛头小伙子了，谁没有受过感情伤害？他太傻了。（是，你太傻了。可是大约也只有你这般心如赤子，对人、对事、对感情，从来都是只持有一种清定无瑕又不愿苟且迁就的态度。）

周润发：

数月前曾到张国荣家吃饭，当时唐唐都有在场，没有发觉他有什么不妥，所以真的不明白他为什么要轻生。我与红姑（钟楚红）获悉此噩耗后感到很痛惜，因为他的死对演艺界来说是很大的损失。（嗯，世上再没有宁采臣了，再没有阿飞了，再没有程蝶衣了，再没有欧阳锋了，也再没有何宝荣了。）作为朋友，我也损失了一位好友。

葛优：

我在《霸王别姬》里的戏份不多，但与张国荣多是对手戏。他是最优秀的演员之一，而且他演的虞姬无人能替代。他是没想开，太可惜了。去年我们还在北京见面，他说有部电影他做导演，想请我出演其中的角色。当时他说了很多剧本构想，谈到后来他又说不准备让我演了，他说戏太少不愿让我出马。两个星期前，他的经纪人有联系我，说张国荣打算和我再合作一部戏。那个时候他还忙工作，一点征兆也没有。有件事情我特别感动，有一年的戛纳电影节，张国荣没有拿下电影节影帝，次年的戛纳，我拿了影帝，回程途经香港时，张国荣自己开车来请我吃饭庆祝，不但没有平素艺人间的嫉妒心，还对他人的成功非常诚挚地祝贺。当时他说自己还要好好演习，一定还有机会拿戛纳影帝。可惜现在人不在了……

顾长卫：

我到现在也还是不十分相信。非常遗憾和难过。张国荣是我合作过的最好的演员之一，有着令人激赏的才华和敬业精神，他在《霸王别姬》里的杰出表现令人不能忘怀。（是如此，还能有谁能够反串去饰演虞姬？并且超越你呢？不会有了。再不会有了。）去年我们还通过电话，准备合作一部影片，后来未果。我是挺希望有机会和他合作的。我们会怀念他。

那英：

不可能！春节我还跟他一起喝过酒，当时觉得他的状态挺好的。我不相信，也不愿相信这是真的。我还是宁愿相信这是一个愚人节的玩笑。（直到今日，依然有人也是这么期望的。期望，将来的某一日能在地球某个偏僻或隐秘的角落，碰到一个人，隐姓埋名，却不小心提及了那年他是个演员，演了一部叫作《春光乍泄》的戏。）我很欣赏张国荣的为人和他的戏，我感觉现在艺人的压力太大了。我很难受，不想再说什么了。

谭咏麟：

很心酸和很郁闷，不明白哥哥一个如此爱靓、唯美派的人竟会踏上这一步。虽然哥哥未必会跟我倾吐感情问题，但对方要是遇上任何事找我倾诉，我一定会乐于应约的。哥哥非常追求完美和对事情执着，特别是事业上不会轻易妥协，照自己方向而行，可能因此遇上很多不如意事吧，情绪容易受到影响。……这次，我觉得是香港失去了一个代表娱乐圈有素质的演员和歌手。

而今，我能够再写的，也不多了。许多情意亦是无法轻易宣之于口，写在纸上。只是，不忍搁笔，总是贪恋与你相对的这一纸时光。也不知，你在那一边会否知道，这一头有个痴你许久的年轻人，一夜一夜温故你的音乐、电影，一处一处找寻你的痕迹，想要用一支拙笔，尽可能把你的这光彩一生写得真切又完好。

总有一日，会有人去到那边向你转告。又或者，是我将来亲自寻你，将它送你。时光无涯，日子就这样过去。身边有个相爱的人。看看你的电影，听听你的音乐。读读书，写写文章。偶尔谈起你的时候，不悲不伤，只愿似故人来访。

如此，真是好。

30 | 勿忘

十年了。

你离开已经十年了。

宋子豪还在。小马哥还在。无双表姐还在。聂小倩和傅清风还在。苏丽珍还在。段小楼还在。黄药师还在。洪七还在。独孤求败和练霓裳还在。黎耀辉还在。都还在。只有你，不在了。或者，你这次是为了完成前生之愿想，先走一步，再与如花小姐相会么？还是，你觉得该要去那边跟陈百强，饮一壶清酒，喝两杯淡茶，让往事随风，再伴你，浮动一程呢？

又快到4月1号了。这个4月1号，我在成都，你在哪里呢？又快到4月1号了，我是该再看一遍《异度空间》还是《春光乍泄》呢？又快到4月1号了，要不要约三五好友去KTV再点首《当爱已成往事》来唱呢？

身边爱你的人好多。但总希望你是小众的，只属于少数人的。这是我爱你的一点私心。每一年都有人写文章纪念你，怀念你。每一年都有人唱你的歌，悲伤地与昨日告别。每一年都有人看你的电影，一言不发再与破碎的曾经握手言和。每一年，每一月，每一日，都有人在想——

如果张国荣在，就好了。

还能够再怎样去形容你呢？

用一个词语的话，只能是“倾城”吧。

时下，艺界新人辈出，好红的男女也位数不少，但谁说过，现在的明星再难成经典了。再没有第二个张国荣，再没有第二个林青霞，再没有第二个周润发，也再没有第二个王祖贤了。《东邪西毒》是不能翻拍了，《倩女幽魂》也无法再拍出当年的韵味了，至于《春光乍泄》也是再不会延续了。

你离开之后，许多人对你的自杀原委妄图推测，各种版本流窜于八卦新闻。唐先生与你的司机Kenneth都成为媒体交相攻击的对象。仿佛不低俗狗血地为你安排一个三角恋情之流言，是不愿罢休的。也有人总说，哥哥还在，哥哥还在，哥哥还在。在世界的某个角落，与谁人擦身碰见过。

人死永不能复生，哀静的追念是最好的尊重。
不要出声，不要哭，不要损毁已故人的平静。

毛尖有段话写得极好——“一百多年前，兰波跟死了一千年的奥菲莉亚说：‘是的，孩子，你已经死了……因为那阵微风吹乱了你的长发，给你精神的幻梦带来奇异的声音……因为那疯狂的大海发出嘶哑的喘息，撕裂了你那过于柔弱的孩童之心。’一百多年后，这挽歌终于找到了人间的主人公。艾略特说得没错，四月是最残酷的季节。”

人间四月，花落人散。
最是温柔，亦最残酷。

岁月。流年。光阴。时间。爱喜。欢悦。确幸。痛。伤。苦。悲。离散。流浪。决裂。告别。连缀在一起，是宏大的一辈子，也是渺小的一生一世。但落在纸上，此一刻，竟都已不及“张国荣”三个字。是巧合么？在写完这最后几行文字的时候，隔壁的唱片店里正传来你的声音。

是那一首《当爱已成往事》。

往事不要再提，人生已多风雨。
纵然记忆抹不去，爱与恨都还在心里。
真的要断了过去，让明天好好继续。
你就不要再苦苦，追问我的消息。

爱情它是个难题，让人目眩神迷。
忘了痛或许可以，忘了你却太不容易。

你不曾真的离去，你始终在我心里。
我对你仍有爱意，我对自己无能为力。

因为我仍有梦，依然将你放在我心中。
总是容易被往事打动，总是为了你心痛。
别留恋岁月中，我无意的柔情万种。
不要问我是否再相逢，不要管我是否言不由衷。

为何你不懂，只要有爱就有痛。
有一天你会知道，人生没有我并不会不同。
人生已经太匆匆，我好害怕总是泪眼蒙眬。
忘了我就没有痛，将往事留在风中。

醉酒当歌，人生几何？
譬如朝露，去日苦多。

人生如此婆娑，终不及你一首歌。

寂寞很吵。
爱很喧闹。

祝君安好。

附录 • 与张国荣有关

附录 1 | 张国荣相关文录

张国荣自述

张国荣

一、我的酸甜苦辣生涯

我在乐坛多年，尝尽不少酸甜苦辣的滋味，今日总算有了一点点成绩，这些成果，都是经过不断的努力争取得来的。我并非像一般幸运儿，一出道便一炮而红，而是一步一步从基层爬上来，经过很多挫折，也经历过无数次的失败，但凭自己的一股毅力，不断地自我策励，才令歌迷由最初的抗拒，继而接受，以至现在狂热地拥戴。其间历尽辛酸的过程是非笔墨所能形容的。

回想往年，难免令人感触一番。当时年少气盛，所追求的莫过于名与利，但是时运未到，不管如何努力，到头来还是得不到共鸣。

我承认在当时一度灰心失意，因为自己永远在次要位置，别人不做的戏由我顶上，别人不唱的歌由我接唱，我曾经质问自己究竟为了什么，既然做得不开心，又为何还留在这个圈。

自幼得到父母怜爱的我，从未受到什么重大挫折，所以那一段时间真是直接打击了我的士气。不过因为生性好胜心强，加上对自己极具信心，我不相信就只得这样的成绩，所以才决定继续留在娱乐圈等机会。

当一个人去等待一件未知会否发生的事时，心情是相当矛盾的，因为无止境地等有成绩固然开心，若到头来还是一片空白，真会后悔为何如此浪费青春。

但是我没有顾虑太多，还是一直地做，尽管被人拆台，被人责骂，我也硬着头皮忍受。最记得有一次，我在表演之时，为配合台风，把头上帽子抛向观众席，却即时被抛回台上，当时令我十分伤心，真想找个洞钻下去呢！这不快的经历，相信我这一辈子也不会忘记。

记得早几年的我，每逢遇上一班朋友聊天叙旧，他们都会问我为什么不开心，脸上总见不到欢颜。

我想自己可能患上忧郁症，至于病源则是对自己不满，对别人不满，对世界更加不满。那段日子真可以用黑暗时代来形容，只要空闲我都会泡迪斯科直至夜深，用吵声来麻醉自己，用烈酒来刺激自己，晚晚夜夜笙歌作乐，别人眼中可能是人生几何，但是久而久之，我由麻木到厌倦，由无所谓变为讨厌。

由这时开始，我觉得不可能再用消极方法去面对现实，而是应该积极一点，因为运气并非偶然，必须靠自己把握，更重要还是靠实力取胜，所以我仍然继续勤练唱歌，亦在演技方面不断磨炼。

撇开别人接受与否的问题不说，我觉得付出的努力，并没有白费，起码所唱的歌，所演的戏，明显是有进步，尽管别人还继续将我和其他人比较，不过于我而言，看到一点成绩总是感到欣慰的。

从事娱乐工作至今，观众一直未停过把我与某某比较。我不知为什么如此，总是把无关的事情扯到我身上，最初我是极不喜欢，因为人比人，永远是比死人，我可能比其他人好，但全世界人才辈出，我又怎能够永远抱着胜过他们的心理？

我只是希望做好自己本分，使喜欢我的人继续喜欢我，使最初不喜欢我的人，至少不要恨我，我已经感到满足，因为我不是圣人，不能够让全世界都要和我共鸣。

前年的“劲歌金曲竞选”对我的人生观影响至深，以往一直追求完美的我，终于明白到世事往往不如己愿，寄望越大，失望越大。1986 年是我事业最满意的一年，因为所付出的努力，明显得到人们赏识，还以为大家已接受我，怎料在“劲歌金曲选举”当晚，深深令我体会到了当年被“拆台”的失落感觉。

有段时间我一度很不开心，因为不明白为何别人要讨厌我，但后来得到公司的朋友的劝解，我终于平息心中怒气，还开始学习“猝然临之而不惊，无故加之而不怒”的态度面对现实。果然在这一年我对于处世成熟了许多，可能别人看不出，但我自己却感受得到。因为以前的我无论对人对事均十分冲动，喜欢形之于色，不去隐藏。但其实在娱乐圈，这样的态度是行不通的。

过去我一直觉得人有喜怒哀乐的情绪，我只是不喜掩饰，用自己的真性情去待人处世，有什么不对呢？但批评的话听得多了人也逐渐成熟。有一次自我反省之下，才幡然醒悟，以前待人处事的态度是太过任性了，有时会令人觉得难堪，于是决心改变自己的性格。我将自己的心胸扩阔，对一切都采取包容的态度，不再以自我为中心，将自己更加开放，让自己有更多接受人家批评的雅量。

果然我改变性格之后，效果很好，很多朋友都说我变得谦虚了，也懂得去体谅别人，我的心境也变得更开朗，活得更愉快。我这种改变除了是自己悟外，一些朋友对我也有很大的影响，我与周润发合作拍《英雄本色》时，他洒脱的性格、玩世不恭的人生观，都给我很大启发，让我了解到一个人太斤斤计较是不会快乐的，对名和利较为看淡一点便不会有太多的麻烦。

尽管现在我仍然是火爆脾气之人，不过不会轻易表露出来，因为人是平等的，无理由自己不高兴便随便发脾气影响别人，结果还是自己吃亏。

更何况我所付出的努力，是必须向自己交代的，至于别人接受与否又是另一回事。经过一段时间的磨炼、学习，故此现在的我，所抱着的是随遇而安的态度，不再追求太多，因为该是自己的便会来到面前，但若勉强追求，则未必一定能够如愿以偿。

初入娱乐圈之时，无论圈内圈外的朋友，都曾说过我的性格其实并不适合在这个地方。而我自己也是认同的，因为在人际关系方面，我并不如其他人那么好（但我已尽力去做），此点也是最失败之处。不过若问我适合做什么工作，我又真想不出，故此就算当初表演事业成绩并不理想，我也留下来等待机会。我自知在这方面十分失败，从未替自己的未来作打算，就是现在稍有成绩，也不会考虑另作投资，因为我既无生意头脑，也没有胆量，怕辛苦赚来的钞票，一下子失去。这就如赌钱一般，周围的朋友打牌注码大，牌章好，我根本不是他们的对手，所以不敢玩，怕输太多，一来会心痛，二来又失面子。

有时我也会担心到日后，若不做娱乐圈可以做什么？想了半天，或者开设计公司，或者做时装店生意，因为这两个行业，自己是略有兴趣和心得，但现在是言之过早了，到真要改变时再作打算也未迟。转投新唱片公司之后，好像接受另一个新挑战般令人斗志增加，连带心情也进入另一个新境界，真不知怎样形容，总之是好多于坏。

事实上在这几个月来，我的心理压力增加不少，一方面工作忙碌令我透不过气，加上自己好胜心强，不希望转了公司之后，给人感觉水准不及以前，所以我更要加把劲。

尽管我的性格比较独立，但仍然得到很多朋友的鼓励，好似梅艳芳和黎小田他们给予我不少意见，令我增加信心。已有四年没有在夜总会演出，所以不久前答应香港一间夜总会邀请时，心里十分矛盾，怕自己不能够胜任。回想几年前于夜总会演唱时，所遇到不开心事件至今仍记忆犹新。因为当年乃是黄毛小子，名气不磊，所以被安排唱歌的地方也属于二三流的夜总会，当然这些地方难免品流复杂一点，但是为了增加出台经验，我也会接下来。

当听到观众拍掌，心情是极兴奋的，但是少不了亦会有一些滋事分子存心捣乱，我就有过被一些醉酒的大汉将杯子猛力掷中的经验，本来我曾一度有意还击，但想到这小小的打击也不能忍受，日后怎可以面对更大的问题？所以即时我便警告自己必须忍受。果然后来有更多同类事件发生，自己都能应付，从而训练忍耐性格。

不过今次在夜总会登台，所得到的反应是前所未有地令我有可以一直希望唱下去的感觉，因为和歌迷距离拉近，大家接触容易，所以深切体会到歌迷对我之情，最难得她们并非全是女孩子，而是男女老少都有，所以我很开心，自己的歌路亦扩阔了，不再局限于情歌。

幸好，经过多年来不断的努力，我终于能够与歌迷们取得沟通，希望在未来的日子里，多唱更好的歌，得到更大的满足。当年我的忍耐，总算没有白费。

在乐坛多年，我最大的收获并不是名和利，而是获得一帮忠实的拥护者。他们对我的支持，令我对自己更有信心，他们对我的爱戴与拥护实在令我非常感动。在我的第一次演唱会中，观众大部分是年轻人，但在第二次演唱会上，我却发觉有很多家庭观众，证明我已为大众所接受，不再局限于是年轻人的偶像。观众的层面扩大，是一件可喜的事，今后我会继续努力，希望获得更好的成绩。

由于得来不易，因此我对于今天的成果，特别珍惜，无论登台、开演唱会，甚至拍戏，我都是全力以赴，不敢掉以轻心。因为创业难，守业更难，要保持自己现时在乐坛的地位，便一定要不断寻求突破，要求自己不断地进步。这种奋勇向前，不留恋过去风光的精神是迈向成功的原动力，是每个艺人都必须具备的。

我对于自己的每样工作，无论是电影或是唱片，都是把全副精神投进去，希望做得最好，尤其是每次的个人演唱会，我更是十分重视。因为个人演唱会，不但是一段时间内自己唱歌成绩的展示，也是令我获得满足感的时刻。说现实一点，开演唱会更是一个歌手收入最多的工作，所以每当打算开个人演唱会时，我都会将它放在第一位，将其他的工作提早完成，或是暂时搁置，利用几个月的时间去准备，以最佳的精神和体力去演出。

每逢开演唱会，最多人关心的是场数多少的问题，任何人都希望场数越多越好，因为收入也会因而增加，但我觉得这并不是最重要的，我重视的是如何将演唱会搞到最好，入场来看我的观众都是我的拥护者，他们来听我唱歌，假如没有一些新鲜的东西给他们看，便对不起拥戴我的歌迷，所以场数多少我无所谓，起码十场我有十足把握。但如何将一个演唱会搞得有声有色，多姿多彩，却是颇伤脑筋的一件事。

一张唱片的销量多，歌曲好固然重要，此外封套吸引人，亦会刺激起歌迷的购买欲，因而销量大增。所以我每次出碟都会费尽心机去拍封面，最近推出的新大碟，更是远至加拿大拍雪景，希望能一新歌迷耳目。

这次在加拿大拍摄雪景唱片封面，较早时唱片公司已有此意，刚巧那时我在加拿大登台，公司便派了一队摄影组到加拿大与我会合，利用几天时间摄制完毕，一举两得，也省了我不少时间。不过在冰天雪地之下工作并不好受，当时的温度是零下几度，冻得我的耳朵几乎掉下来，五官几乎没有感觉，在寒风刺骨的情况下，还要装出一副潇洒的模样，现时想起也觉难顶呢！不过幸好出来的效果却不错，歌迷的反应也很好，我这趟辛苦并没有白费。

“一个成功的男人背后，都有一个女人。”这句不知是谁说的名言，对我也颇适合，虽然我并不算有什么成就，但多年努力总算做出一点点成绩，而我的背后也有一个对我的事业有很大帮助的女人，这便是我的经理人陈淑芬。谈到我这个经理人，真不能不佩服她的精力充沛，不但照顾得我无微不至，还要兼顾恒星公司的业务，而且每件事都处理得井井有条，从不显慌乱。有她在身边，我便特别放心，因为我知道她会妥善地为我安排一切，为我解决困难。

除了为我安排工作外，有关合约签订，谈片酬歌酬，都是由她负责。作为一个经理人，自然有为旗下艺人争取利益的义务，凭着她八面玲珑的手腕、伶俐的口才及敏捷的思考，通常都可以为我争取到较佳的条件。

去年我在乐坛及影坛双线发展的成绩颇为不错，我自己亦感满意，尤其是在电影方面，拍了几部不错的电影，例如《英雄本色》《倩女幽魂》及《胭脂扣》等，均是叫好叫座的电影。在金马奖中，都能得到多个奖项。虽然我提名角逐最佳男主角落选，但也没有失望，因为各方都给我很多的好评，也肯定我的演技，我觉得观众的支持，比得奖更重要。

在我演出的几部戏中，不单在票房有骄人的成绩，而且能够带领潮流，这才是让我感到最开心的。例如《英雄本色》开创了英雄片的潮流，周润发的MARK哥、狄龙的豪哥、我饰演的杰仔都已深入民间；而《倩女幽魂》更掀起一阵拍古装鬼片的热潮，至今仍方兴未艾，接着的《金燕子》《画中仙》都是依照这个模式拍摄，台湾方面跟风抢拍更是不在话下。

不过我最喜欢的还是《胭脂扣》，在片中我饰一个富家子弟十二少，与梅艳芳合作，阿梅还凭这部戏获得金马影后呢。此外这部是文艺片，是有票房毒药之称的片种，但收入却有1500多万，很多行内人都吃惊不已呢。作为一个演员，我是希望文艺片能够再为观众所接受，因为唯有演出这类片种，演员的演技才能有更大的发挥，而大部分喜剧、动作片，演技都是肤浅而没有深度的，大家几曾看过喜剧及动作片演员在金马奖中获奖？

今年我最大的愿望是除了演唱会成功外，还希望多接几部好戏，于痛下苦功之后而再获得提名角逐金马影帝的奖座，这便无憾了。

以前我抽烟抽得很凶，尤其是紧张的时候，我需要用脑筋的时候更是一根接一根地抽。但最近我却决定戒烟，主要是为身体健康，而且经常有歌迷写信叫我戒烟，他们一番好意令我感动。最主要的还是为了自己的事业，因为每次抽烟，呼吸器官或多或少都会受到影响。在唱歌时，尤其是在需要极多体力的演唱会，便容易出现无气的情况。作为一个歌手，抽烟是百害而无一利的，所以今年便下定决心，将抽烟的恶习戒除。

其实我的烟瘾并不大，只是一种习惯。因为我一向抽烟，都不经过肺部，只是口腔略为打转便喷出，所以我抽烟的速度比一般人快，对我的健康影响不大。不过日积月累，可能会对气管有害，所以还是决心戒掉。

但要戒掉一种习惯也不是一件容易的事，所以我采取了两个步骤：第一步我是以消极的方式进行，首先不买香烟，也不会带香烟在身，改抽“伸手牌”，一帮朋友，如果是抽烟的，我自然可以大过烟瘾，假如对方没有吸烟，那就算了。这样虽然有点不好意思，但长期下来，吸烟量是减少了很多，假如运气好，可能一天也没有机会抽烟呢。接着我会采用较积极的办法，就是向医生请教，在医生的指导下戒烟，因为很多人在戒烟之后便会体重骤增，或者会无节制地狂食。卖艺人最怕便是发胖，为了避免这种不良的后果，一定要慎重进行，在医生的指导下戒烟会比较保险。

现时我戒烟只是进行第一步。第二步相信要等比较清闲的时候，才能实现。因为如果一直忙于工作，无论劳心或劳力，都会心痒痒地想吸烟。而且为了戒烟后不致体重骤增，便一定要增加运动量，如果刚好在拍戏期间，晨昏颠倒，没有时间运动，很容易便会变肥仔。我还想在这个圈子挨下去，所以也不想冒险。

我计划用一个月的时间到外国，物色一个风景优美，有湖光山色的地方休息，每天规定时间去跑步、健身，相信烟瘾很快便会戒掉。谈到去外国休息戒烟，令我想起已经很久没有度假了，虽然去年也经常出国，但却有工作在身，行色匆匆，连走马看花的时间也没有，虽然身在美加，连当地的风光都没法细览，不停地坐车坐飞机穿梭各地。演唱完就返港，脑中一片空白，只留下酒店及演出场地的印象，毕竟到外地工作不同于纯粹的去旅行，因为有工作压力，就算有时间游也不过瘾，起码心境也有所不同。

其实我是很喜欢去旅行的，环游全世界是我的心愿，所谓读万卷书不如行万里路，去旅行可以增广见闻，多看一些名山大川，也可以令自己的胸襟更加广阔。不过现时虽然交通快捷方便，但这个世界实在太大了，名为环游世界，其实最多只能在每个国家作重点游览，单是中国内地，要游遍各省的名胜风光，一年时间都不够，所以想尽窥全豹，是不可能的。

近几年我拍戏，灌唱片、登台，不断有工作涌来，有几天假期已很满足，所以想环游世界，现时来说是一种奢望，要实现这个心愿，相信要等退休之后了。

现时做演唱会，越来越困难，因为观众看多了，要求便越来越高，所以作为一个制作人对搞演唱会已视作为一件有挑战性的工作，因为每每挖空心思也未必能获得观众的赞赏。

不过我觉得这样才是一件好事，任何事都是不断进步的，人总是有惰性，没有外在环境的压挤，往往便会松懈下来，观众的水准高，制作人脑筋才会变得越来越灵活，我们才有更多姿多彩的舞台表演让观众欣赏。最近我与经理人及工作人员经常开会，讨论今次演唱会的形式及内容，我也提出很多意见，初步决定是以夏天为主题，以活力及动感为主，特色是比较着重灯光和舞蹈，因我觉得现场唱歌，无论天赋歌喉如何好，效果都会比在录音室灌唱片差，演唱会是一种综合性的舞台表演，一定要多姿多彩才能令观众满足，如果只是木木地站在台上唱歌，倒不如回家听唱片算了，因此我强调一定要搞好舞台效果，就算自己辛苦一点也没关系，而且我自信有足够的体力可以应付。当然，我十分了解歌迷的心态，他们买票入场，自然是希望能够欣赏到自己喜爱的歌手唱出心爱歌曲及希望在整晚享受到难忘的视听之娱，因此，制作演唱会，必须要从这个方面动脑筋才是。此外，我特别关心如何令场馆四面的观众可以公平地欣赏我的演出，因为很多演唱会由于舞台设计所限，往往会忽略了某一边的观众，所以我今次希望能改进这方面的缺点，除了在设计舞台时，考虑这方面外，在演出编排方面，也会要求制作人特别注意这一点，我宁愿多一些翻腾跳跃，也不希望入场的观众失望。为了增加场数，有人建议我加开日场，但我却拒绝了，因为在日间看演唱会根本没有气氛，不但观众看得不过瘾，甚至连歌手本身也会唱得不起劲。

梅艳芳在过去几年是和我合作最多的女星，所以在不知不觉间我们便成为深交，遇到什么心事、难题我都会找她倾诉，虽然她的年纪比我轻，但是人生经验丰富，而且懂得体谅别人，以至于我对她无话不谈，简直就仿如两兄妹般。梅艳芳是一个很有义气的女孩子，是我在乐坛很少见到的。在任何情形下她都会站在朋友的一边，在圈中连男的也难找，真想不到一个女流之辈，竟然有此性格，实在难得。

一度因为和她来往密切，也曾给人错觉以为我们“拍拖”，其实我和她熟得像兄弟一般，完全没有异性的感觉，更遑论擦出爱的火花来。梅艳芳是一个永不言败的女孩子，她的信心强，野心也大，所以她会用尽自己的能力去争取应得的一切，这点无疑令我十分佩服。

由于近来几部戏都未开镜，所以比较清闲，于是大量补充睡眠，因为一开镜，可能会连续十几天无觉好睡。现时我每天都睡十个钟头，真是十分舒服，这种并非被闹钟吵醒，也不必担心明天的工作的睡眠是最快意的。我拍通宵戏时，很多人都赞我精神体力好，因为我从不睡觉，也不打瞌睡，有时打灯、换布景，或是导演先拍其他演员，明知有几个钟头的空当时，换了发仔或其他演员，必然会睡得鼾声大作，但我却不会睡觉，宁愿抽烟提神，或与一些工作人员闲谈，有时虽然强烈的睡意侵袭，也会死顶下去。

有人笑我自找辛苦，不会适应环境，其实我是另有苦衷，因为我有一个毛病，就是睡醒之后，整个人便会浑浑噩噩，双眼发红，很久都不能集中精神演戏。所以要不我就在片场散步，这已成为我的习惯。

谈到拍《倩》片续集，由于之后有很多跟风之作，所以拍下集便要寻求新突破，无论在造型或布景方面都要创新，而且还要加入很多特技打斗的大场面，此外还有很多骑马奔驰剑击的镜头，所以我们一班演员，包括王祖贤、关之琳等都被徐克召去集训，每周安排几天在沙田骑马练剑。

这种集训对我也有好处，因为这期间就算不练剑，也要为自己的演唱会做体能训练，练剑骑马都有助于我的身手敏捷和灵巧，可谓一举两得。所以我对这类集训一直以来十分热心，每堂课都很少缺席呢！

二、我的转折点

1989 年对我来说，是颇有意义的一年，主要是我的巡回告别演唱会开始，完成这次巡回演出之后，我将退出娱乐圈。因此我对这次演出特别重视。在出发之前，我进行了长时间的筹备工作，也花了很多心思，无论在服装及制作方面，我都是不惜工本，一切都要最好的，希望令外地的观众留下一个好印象，赚钱与否，尚在其次。

香港固然是我的发展基地，但海外拥戴我的歌迷也不少，很多地区都成立了歌迷会，虽然平时很少见他们，但这班拥趸却是忠实不二，实在令我感动。对于他们我有着一份歉意，因此在决定退出娱乐圈之前，举行了这次巡回演唱，将我最好的歌送给他们，作为临别赠礼。我之所以决定今后不到海外登台，是因为我在演唱事业方面，已达到顶峰，我希望发展唱歌以外的事业，例如导演、唱片监制或形象设计等，而外出登台，实在花太多时间。

告别演唱会的第一站是马来西亚的吉隆坡，这次演出十分成功，反应可谓空前热烈，皆因我主演的电视剧及电影都曾在彼邦上映，因此观众对我都很熟悉。当我在台上宣布这是我在大马的最后一次演出时，在场的歌迷都很伤感，同声高叫“唔好呀！”气氛十分感人，这是我在吉隆坡登台最难忘的一件事。也许是水土不服，我在大马登台期间，竟然闹起肚痛，整天往厕所跑。甚至有一次在台上，也有这种情况出现，当时真是十分狼狈，幸而我用惊人的意志强忍下来，不动声色地完成演出，然而肚痛却消失了，也许这便是意志战胜病魔。我想大多数艺员都会有共同的感受，就算是生病，几天没有睡觉，心情不好，但一上台表演，这些生理或心理的毛病，都会顷刻消失，全心全意地完成演出。舞台是一个艺人的事业，也是生命，站在舞台上便会全力以赴，其他事都会抛诸脑后。

我一个感情比较内敛的人，很少将真正的感情暴露于人前。不过在吉隆坡登台时，当我唱出《别话》一曲时，忍不住流下眼泪，因为舍不得离开热情的歌迷。这次演出之后，再也没有机会踏足大马的舞台了，因此触感流泪，也是人之常情。大马之行，我发觉歌迷实在太热情了。一踏出机场，便有无数的歌迷在迎候，一见到我便蜂拥上前。对于歌迷的热情，我虽然十分感动，但为了不影响其他旅客，与他们打过招呼之后，便匆匆上车离去。到达酒店，未下车已吓了我一跳，原来又有一批歌迷在等候，最后千辛万苦才冲出重围，回到房间休息。

大马我已来过几次，本来想趁此机会游览当地名胜，到百货公司购物，但由于歌迷太过狂热，主办单位与我的经理人为了我安全，都劝我不要离开酒店。于是整个行程十多天，我都是在酒店内度过，甚至吃饭也在房间内，真是闷得发慌。

有一次忍不住要到外面走走，逛百货公司，经理人陈淑芬经不起我的请求，于是安排了一辆车与几位工作人员陪我到一家著名的百货公司，谁知一下车又被歌迷发现，许多人迅速地围上来，人群愈来愈多。百货公司恐怕发生意外，竟将门闸落下，索性不做生意了。结果我逛百货公司的计划只好泡汤，没趣地返回酒店，继续当我的“室长”。

在吉隆坡、怡保、槟城、大马演唱完，最后一站便是沙巴，也是我此行最好玩的地方。除了演出之外，我还与一班工作人员，租了一艘游艇出海潜水，真是痛快极了！沙巴是一个比较偏僻的城市，未被工业污染，海水澄清，风景怡人。在这里潜水，海底景观壮丽，真是令人目眩神驰，留下了难忘的回忆。由于是最后一次在大马演出，因此歌迷会亦宣布解散。不再演出，歌迷会存在也没有意义，倒不如将之取消。对于解散大马的歌迷会我实在有点依依不舍，因为这个歌迷会是在1981年成立的，会长与我也很熟，大家都有很深厚的感情，但这是逼不得已的事，会员们也很谅解。我还建议他们投向梅艳芳歌迷会的阵营，我与阿梅是老友，相信我们两人的歌迷，也能打成一片，大家做好朋友吧！

对于一个艺人来说，除了本身的演唱造诣要经得起考验外，体力也是极重要的。两个小时在台上又跳又唱，平时若没有训练，一般人都会气喘吁吁，遑论气定神闲地在台上唱歌了。尤其是在开演唱会的时候，20多场不停地唱，所消耗的体力更是惊人。因此在演出之前，一定要有严格的训练，令精神和体力都处于最佳状态。有些人不明白开一次演唱会为何要花较长的时间准备，其实体力的锻炼便是重要的一部分。

对于身体健康我是十分注重的，所以经常都有运动，保持身体不变。要成为一个出色的艺人，自制力很重要，有时也要牺牲一些口腹之欲。我也算是幸运，很少受到体重的困扰，也许是我的饮食习惯好，所以从来不必为减肥而伤脑筋。而我保持身材健美之法，主要是游泳。我觉得游泳是一项较佳的运动，全身的肌肉都可以得到锻炼。而且在夏天酷热之际，碧波畅泳也是一种惬意的享受。

巡回演唱告一段落之后，接着又马不停蹄地赶赴日本参加东京音乐节。这次我参加东京音乐节是担任表演嘉宾，由于已有多次出席国际性音乐盛会的经验，所以全无心理压力，上台演出也是潇洒自如。最有意思的是有机会与日本的演歌大王五木弘合唱一曲《追忆》，虽然只有短短几天练习，但效果倒也不错，很多日本朋友都说我有天份，虽然这也许是恭维话，不过也感到满足。

返香港之后，我将十分忙碌，因为电影工作室的《倩女幽魂续集》要全力赶工，因此我执导的计划也要押后，根本没有空档做任何事。所以希望待清闲的时候，再全心全地执导我的第一部作品。

水　仙

林燕妮

我喜欢这样形容张国荣。他自恋，但不懂得保护自己，也不会伤害别人。在娱乐圈那么多年，仍然那么纯真。

身为演员，他怎么不会作假？但是他不喜欢那样做。

他是容易被伤害的。我在宝珊道足足住了八年，来过的人很多。我问张国荣：“怎么你不上我家？”他用英语说：“I haven’t been invited。”（我没被邀请过。）我真大意，认识了他那么久，竟然忘了请他上来，他介意的。

他很为别人想，细微如你没叫我来，那我便不来好了。正像他未红时，领了奖的歌星在庆祝，他只坐在黑暗的一角默默流泪，没有大吵大怨，他不想骚扰别人。

那年他真的应该得奖的，《风继续吹》那么好。我们后来发现他悄悄拭泪，便一齐鼓励他，说道："明年你一定红的。"果然，翌年他便红了，而且愈来愈红，与谭咏麟分庭抗礼，领足风骚七年长。

张国荣唱歌，初时有"食字"的毛病，即每个字唱了一半便吞下肚子里，让人听不清楚。被批评过之后，他的"食字"毛病没有了。

他的嗓子不是最完美的，但那并非最重要。重要的是他的"荣腔"别树一帜，你一听到便认得出那是张国荣，很有味道。奇怪的是他在香港长大，粤语他却有一口矜贵的广州西关音。

他的语言天分很高，英语、京片子都说得很好。有一次我说普通话，说"大腕"的腕字说了第三声，他马上告诉我应说第四声。

他的直率很逗的。有一回我跟他在半岛酒店两个人享受下午茶，我拿起根香烟抽。他说："我可不可以用戒烟大使的身份叫你不要抽？政府叫我做戒烟大使的。"我说："不可以。"他便为之语塞，由得我抽。

周刊叫我访问他，说啊说的，他忽然说："我要走开十分钟。"我问他："什么事啊？"他低声地道："屙屎（大便）。"

我生日，小弟替我安排了个小派对，张国荣给我的礼物是一只腕表。他说："As promised." 我都忘记了。事缘有一天他戴那个款式的表，我说很好看，那他便细心地记住了。

那晚来了个不速之客邓达智，无所谓啦，反正是朋友。邓达智要跟张国荣合照，张国荣没有拒绝。那个晚上，张国荣一点也不拿架子，主动地跟客人谈笑风生，弄得大家都很高兴。

事后他才告诉我："我一见到邓达智来便几乎想走。他踩我穿Jean-Paul Gautier的旧衣服开演唱会。还要跟他合照，算给你面子吧！"

我老早已在报上骂了邓达智了。张国荣没叫我骂，我是荒江女侠性格，不平则鸣。识得不识得我都会以事论事，何况，我自问对时装的认识比很多没见过世面和大场面的本地设计师更深入。

如果做个民意调查，哪一个是你最喜爱的女人或女作家，肯定不会是我。不公关不拍马屁又"冇面俾"，怎会最受欢迎？不是我不懂一切江湖伎俩，但人生苦短，我没时间说谎。正因如此，我很喜欢张国荣。

在他未移民前，他想搬家。我看过一个半山顶楼好盘，三百六十度山海景，价钱当然很贵。我带张国荣去看，看完后他对我说："你太看得起我了。"即是他负担不起。他不会弹这弹那以求过关的。

那时他家住浅水湾，他带我们到他睡房，自己很陶醉地说："每晚睡觉，我便听我自己这几首歌。"跟着他播了，他问我们："是不是很性感啊？是呀，对不对？”

1986年，《英雄本色》上映午夜场。那时的戏院还很大。我们自己人多半坐在楼上，买票的观众全坐在楼下。午夜场是测试观众反应的最好方法。

狄龙演张国荣的兄长，虽然本身是黑社会大哥，但很欣慰弟弟做了警察帮办，兄弟俩一反一正。主角周润发则是狄龙旗下的人。

张国荣就坐在我旁边，他说：“要死了，观众那么喜欢发仔，而我却是个要抓发仔和我哥哥的警察，一定不讨好。”

但每见到自己出场他便开心地拍手。我问他：“怎么你一看见自己便拍手？”他天真地说：“我不先拍谁拍？我得带动观众拍手的。”果然，观众听见楼上有掌声便掌声雷动。

《英雄本色》马上成为了票房冠军。更重要的是：《英雄本色》成为了香港电影的代表之作和经典之作，引起了荷李活的注意。

《英雄本色Ⅱ》，张国荣的戏重多了，他像中彩似的道：“这回有人同情我了。看我演得多好！我的妻子怀孕生子时，我中枪身亡了。”这样真的人，在张国荣逝去后已经绝种了。

他很为他人设想的。有一回一个朋友生日，没请梅艳芳，阿梅不服气，在晚餐后杀到现场。一进来便哭。张学友已经大而化之，没介入事件之中。各人都知道阿梅是取闹来的，没人纵容她，只有张国荣拥她入怀，让她的眼泪流在他的新皮外套上，化妆品混泪水，湿了半边，大概得报销了。

怪不得在张国荣的丧礼中，阿梅哭了个肝肠寸断。

都走了，都走了。水仙，你好吗？好？那么，别再下来了。

谈 Leslie

李碧华

眉目如画 |

有一天，在报上看到倪匡先生写张国荣先生，说他“眉目如画”。

倪先生很慷慨，在他笔下人人都被赞枣（贬低他人的意思）无一幸免。不过男人赞男人用到“眉目如画”，旁观者看了又看，倒觉这是一个最贴切的形容词。第一，没什么人动用过这四个字；第二，也不见有谁担当得起过。这回真是赞得好。选用的插图马上便加以印证，果真眉目如画。工笔仕女图。由色相说到歌，老实说，他的歌我大部分都没啥印象，最好的，不管你们是否同意，本人首选《侬本多情》：“情爱，就好像一串梦。梦醒了一切亦空。或者，是我天生多情，方给爱情戏弄。同你，在追逐一个梦，梦境消失岁月中。唯有，在爱中苏醒时，方知爱情非自控……”

比起近期那批新歌，更觉它情辞并茂，唱来款款情深。我不是他的歌迷——我只是固执地迷一首歌而已。

难以团圆 |

金马奖赛事与我个人无关——因为我不是自由总会的会员。只是懒，也不打算做些类似悔过的行动。他们说："如果不入会就不可以参赛，电影和海报上也不能出你的名字。"基于世上有这样的"规距"，所以答曰："算了，我弃权。"逍遥法外。

只想好好做完一件工程便了。不过，这场赛事与我的 TEAM（队伍）有关。见他们得到各项提名，实在开心——至于能否得奖，谁知道呢？一直相信，任何事，大小的事，冥冥中自有定数，经营不来，只好各安天命。

最耿耿于怀的，是男主角得不到提名。在名单正式公布的前一天，报上还有权威内幕消息，登了梅艳芳和张国荣的名字。一夜之间，就变了？因此失望得更厉害。我曾坚持到"如果不是她和他演，情愿这戏胎死腹中"的地步。但她提了名，他没有——戏内戏外，男女主角都难以团圆。为此有点惆怅。

生不逢时 |

当今之世，最生不逢时的艺人，要算是张国荣先生了。有句话："既生瑜，何生亮？"——演戏，有发仔在的一天，他都要做阿二；唱歌，有阿伦在的一天，他就胜不出了。但张先生，只缘身在此山中，经常要向多事的询问者展示大方得体，不太在乎地轻松笑语。你们又不准他不高兴，真是残忍。

因为我是一个局外人，所以觉得不公平。与他一点也不熟悉，不过总是自他眉宇间，感觉到那不欲公开的惆怅和忧郁。——如今的景况，在很多人来说，已是梦寐以求，不过对他仍然不公平。

如果你知道我曾如何地欣赏过他的演技，便更明白决非跟红顶白。大概八年前，港台有剧集唤《岁月河山》，其中一辑，唤《我家的女人》，那个坚持找张国荣主演又说服他剪短头发的编剧仔便是我。是一个民初的浸猪笼故事，自省城学成回乡的二少爷恋上了父亲的小妾，那时最怕改名字，偶翻元曲，见到"良辰美景奈何天，赏心乐事谁家院"，便给女的改为美好，男的唤景生。"女人"赢得外国奖项，不过男主角没有红。数年后，港台开拍《霸王别姬》，程蝶衣首选是张国荣，他想了又想，想了又想，不肯演GAY，终于推了。

又数年后，台湾要拍《玉卿嫂》，问过谁演庆生好？推荐了张，不过我人微言轻，不了了之。直到今日的《胭脂扣》……神推鬼恐意外地得到十二少。

工作态度一流，感情收放投入。夜班化个老妆拍戏每每需四小时，以致有人怀疑那猥琐老头不是他。读者来信骂我何以他戏份少？

生不逢时，与奖无缘。让我为他讲这几句真话。

曲终人散 |

张国荣先生的告别演唱会是我岁晚的必然节目。其实亦改过两次期，都因为人回不来，长途电话知会吾友顺延七天，七天后又七天。——幸好他开三十三场，终于赶上最后一场。简直是放下行囊便扑飞。当然我并无他歌迷那么伟大，但不想错过。对一位艺人至为尊重的，是在场、欣赏、鼓掌，有点不舍。当他唱《风继续吹》时，泣不成声，大家都为他精致的一张脸感动。

在当红的时分离去，观众和他自己都会难过，不过等到走下坡，渐渐"寂寞"，到时，则只剩下自己一人难过了。——这道理显浅，人人都懂，并不是人人都那么潇洒做得到，当事人也许亦经过多番挣扎的，到底聪明地比观众早走一点。还来个"封咪"的仪式。

工作中，神经绷紧。明早一觉醒来，哦，不用工作了，心情是舒畅而失落的，曲终人散时，体育馆外急雨苦寒，夜色甚是阑珊。——得到过他演十二少，照说也无遗憾吧。

题外话：从前某日，张国荣有意当导演，"非要找陈道明演一个角色。""为什么——"话未完，哥哥指指走过的唐唐笑："看，像不像？”真的很像。

张国荣眉目如画

倪匡

张国荣以俊俏少年造型，投入歌唱事业，到如今，也超过十年了吧？真是岁月如流，到如今，张国荣比以前更俊俏，看他以前的照片，总有点单薄的感觉，可是如今，张国荣在台上一站，眉梢眼角，一颦一笑，都有一种异样的魅力，十分迷人。不但外形更俊俏，当得上眉目如画，而且歌艺也大有不同，远比他初出道时，要浑重醇厚得多，在歌唱事业上，他取得了真正的成功。

以张国荣那样有条件的歌手，从出道到真正成功，也要有几年时间。在几年的时间中，他还要一直努力不辍；在努力的过程中，还要克服这样和那样的困难；在克服困难的过程中，还要忍受种种的打击……

谁说成功之途容易走呢？

成功之途不容易走，有才能，有决心的人，总可以走过来，张国荣如今回头看，当然会有一番感叹。

张国荣的歌极多，有几首回肠荡气的情歌，只有他来唱，才觉得切外有味道，因为他是那样眉目如画的美少年。他的电影生涯，也大有成就，颇有能者无所有能之势。他和狄龙演两兄弟的那部电影，演来何等动人！他年纪轻，各方面发展，不知有多少前景任他去驰骋！

张看、看张

林奕华

第一次看见张国荣，是身穿某佛教中学校服的他。第一次看见张国荣的我，穿的也是同一套校服。第一次看见张国荣，距离Leslie时代的来临尚有一段日子，但他早已是那习惯被看见的“张国荣”。我是说那大约只有十五岁的，上学时会把手臂搭在女同学肩膊上的，一打篮球便会吸引大家走到走廊上，凭着围栏，目不转睛地看着和幻想着的“张国荣”。

经过昨晚电视电台的宣布，我们都知道了张国荣只是艺名，虽然张是真姓。理论上早在我“认识”他的年代，我应该有问过他叫什么名字，但我真的忘了他的答案。又或者，我根本没有问过他任何问题，从来没有与他谈过一句正经话，有的只是幻想和幻想。所以，我一直不太愿意承认真有跟他在人生的某阶段擦肩而过，直至某年他接受黄韵诗访问（商台节目《笑口早》），他对黄说：“我记得林奕华，他是走上来跟我说过这句话的小子：‘如果世界上真有罗密欧，我认为他便是你这样的。’”

你应该可以想象从第三者口中听见这番转述时，我有的面红耳赤。“我有这样说过吗？”我重复又重复地反问黄韵诗，目的当然是要洗脱部分的难为情。但是你也不要低估一个中二学生的面皮的厚度——尽管我真的已无法确认有否把一个高班的师兄比喻为罗密欧，不过，我清楚记得为了要让他知道有“我”的存在，我曾跟踪他和那被他搭住肩膊的女同学走进名叫“适丽”的餐厅吃学生特价午餐，并且在吃完之后，大胆走到他的面前对他说：“我已经替你付账了。”

他的反应？大抵和读着这段文字的你一样，是失笑吧。只可惜当时的他的表情已被我的选择性记忆彻底洗去，而到现在还留下印象的，只有那家餐厅的别名：“食泥”。那么老土和迂的行为，当然不是什么光荣事迹，按道理没有理由还要由事主亲自挖出来给人揶揄、取笑。然而当昨晚在某唱片店听到他的死讯的广播时，不期然的，我便想起那很早很早已经把我的“幻想”挑动起来的“张国荣”。

距离十分遥远的我和他，真没料到在两三年后又再碰头，而且位置上有了微妙的逆转。那时候我以兼职身份入了电视台写剧本，他则有意晋身歌唱电视圈。我们终于在丽的电视的七号录影厂彼此看见，感觉上是环境不同，身份不同，两个人就更不可能接近了，唯有点一点头——这一幕，我倒是印象犹新。

我也曾经以为与他的缘分就此告一段落。他的歌曲、电影、电视剧都不是我的那杯茶，甚至，我变成了对他十分挑剔的“观众”，例如嫌他在《霸王别姬》中的反串演得不好等等。回想起来，我对他的抗拒未尝不是某种心理活动的反射，所以当我在看完《东邪西毒》和《东成西就》而由衷地对他改观时，我也同时感受到一种心情上的放松、适然。

然后，有一晚，我与一个朋友在“为你钟情”吃茶，他远远看见了我，没有吝啬微笑和招呼。结账之际，侍应告诉我们：“账已经由张先生付过了！”——好不熟耳的一句话！

那一次应该是在《春光乍泄》参赛“金马奖”之后，他大抵也听到了风言风语，传闻评审之一的我持“梁朝伟不是gay，所以他没可能演得像gay”的理由而否定了给他“最佳男主角”的提名，是以个把月后当我将和他在柏林见面，他便颇为紧张地要我澄清，一边拍我的手一边说：“你真这样想便不对了。”

我遂向他解释意见如何被传言歪曲——原来的“如果异性恋演员因演同性恋角色而应受到理所当然的肯定，那同性恋演员一直在银幕上扮演异性恋者，岂非更应捧奖？”（平路也是支持这个反问的评审员之一）变成了“同性恋霸权排斥异性恋演员”。听完了事情的始末，我记得他笑说：“颁奖礼进行到评审团进场时，我看见你没有往我那边看去，心里已有个大概了。”

那不是张国荣对我说过的最后一句话，只是这句话对于我和他的交往，却有点睛般的意义——从不自觉到自觉，穷我们一生都是借着几时被看/看人，如何被看/看人来厘定自我的价值。视线如是成为价值的指标，犹如一双翅膀，它可以飞得很高，又可以因承载不起重量而折断——过去二十六年来，几多人把视线聚注在张的身上，但当中有谁明白他想看见什么？他想被谁看见？和有什么是他最不想看见的？

哥哥的星途

林奕华

哥哥的星途，是写书的好材料，可见我说他“运气”不够好，其实未必是坏事：将来读他的回忆录，每一章都像坐上了过山车，过了一弯，却不知道下一轮的刺激在哪里，加倍叫读者为他捏一把汗。

像，他比任何香港男明星更早便踏上了康城影展的红地毯——你记得《霸王别姬》吗？只可惜那时候大家的焦点是顺序落在以下的名字之上：（一）陈凯歌；（二）巩俐；（三）穿上戏服的哥哥；第四才是莱斯里·张。

原因？谁叫那忽然青衣、忽然小生的角色是如此扑朔迷离！我想外国评判和观众们不是不欣赏哥哥的演出，只是他们实在太迷醉在陈凯歌所营造的“鸦片中国”里，所以下意识不希望回到现实来——若是把他封为最佳男主角，待得哥哥穿回男装上台领奖，岂非破坏了大家对他的幻想？

哥哥在康城的第二次“机会”，也是由于近似的原因而旁落。以一对男同性恋人为主角的《春光乍泄》，全片只有梁朝伟和哥哥两个演员，理论上是半斤八两，各有千秋，但是一般观众均认为哥哥的对手有较多发挥：（一）戏份儿较多；（二）哥哥如果真是同性恋者，演基佬就不算什么挑战，或，起码不及梁朝伟般，使人边看边为他那“为艺术而牺牲”的精神肃然起敬。

表面看来，梁与张的获奖机会只差一线，实际上可以是差之毫厘，谬之千里——哥哥既不是百分百的“男人”，“影帝”殊荣，自然不会得来容易。

如 果

林奕华

哥哥如果没有离去，他应该会喜欢梁洛施。《刺青》说不定还会因哥哥再被邀任柏林电影节评审而受赞赏和力挺。不是我特别了解他才这么写，而是他喜欢的女演员都有些共通点，像张曼玉、张柏芝、莫文蔚。

哥哥如果没有离去，《梅兰芳》的开拍能少他一份吗？导演是陈凯歌，二人合作的《风月》仿佛化为灰尘，大家独缅怀《霸王别姬》。一度传出男主角意属王力宏。现在未经证实的消息是“确定了黎明”。形象上没问题，我只觉得黎天王可能要花上颇多工夫接触自己的阴柔一面，包括在演绎梅氏的表演造诣上。这方面对哥哥来说，驾轻就熟之余，也令人对他的初次演绎历史人物角色充满遐想。

哥哥如果没有离去，假如龙剑笙坚决不再踏上粤剧舞台，任白（指早起粤剧名伶任剑辉、白雪仙）四大戏宝里生下来还未由仙姐亲自 re-master（重复复修）的《紫钗记》和《再世红梅记》，不妨考虑由他代阿刨（粤剧演员龙剑笙的花名）上阵。五十岁演不了青春版，但艺术家魅力可以令一个人怎么看都摸不透他的真实年龄。

哥哥如果没有离去，《赤壁》中的诸葛孔明会不会就是他？后来留胡子的他，虬髯客不是他的戏路，但纶巾羽扇在他身上定是潇洒务必，再加飘逸的胡子，孔明的忧郁、聪明、寂寞必然活灵活现。吴宇森在《英雄本色》中造就了哥哥，二十年后哥哥本来也可以还给他最完美的演出——何况对手又是周润发？

哥哥如果没有离去，他又会不会早跟王家卫重修旧好，甚至，并肩在荷里活作战？《蓝莓之夜》的男主角变成双生制，除了电死人的祖迪罗，还有迷死人的他？全球拥有最多女粉丝的两大情圣做对手戏，电影上映时要在广告上劝喻观众——“心脏衰弱者后果自负”。别忘了《蓝》的女主角是诺拉·琼斯，美声女歌手初登银幕，哥哥能不能趁此机会陪她又唱又演？

哥哥如果没有离去，台北小巨蛋的演唱会早开过了。北京奥运开幕式会不会效法当年三大男高音来个张国荣张学友张惠妹演唱会？哥哥如果没有离去，一定爱死了《穿 Prada 的恶魔》，并把它改编成男装版自导自演——他当然是那魔头啰，谁叫他从影以来没演过反派？

和哥哥在柏林的日子

林奕华

（一）

上次跟哥哥碰面已是九八年的春天。九八年的柏林影展，他是评判之一。我呢？则是自九〇年以来第一次不用为 Gay Teddy Prize 当评审。Teddy 是爱德华的昵称，不知由几时开始，它也是所有未成年的小熊（玩具）的名字，而众所周知，熊抱是基佬的恩物，所以连这个由“国际同志电影节联盟”负责在每年柏林影展颁发给优秀同志影片的奖座，都是以“泰迪”命名。

但是，“同志影片”不等于全部都是男同志影片。我记得某年在评审会议上便有女同志提出抗议，不满她们应得的荣誉，却会有个男性的名字？折衷之计，“联盟”便增设了新的奖项，叫 Lesbian Tiger。“虎”与“熊”似乎很少并肩作战，就是同场出现，我只能想到中国成语中的“虎背熊腰”，或许是我的英文不济，德语更差劲，所以没法把这四个字的弦外之音译得传神，致使席上的荷、德、英、法、希腊、俄等评判们不能分享我对它的联想——魁梧得带点畸形。

说回九八年的柏林影展，香港入选竞赛的影片是《愈快乐愈堕落》，它在 Gay Teddy Night 得了好像不止一个奖，当晚出席领奖的有编剧魏绍恩和女主角邱淑贞，颁奖的是哥哥，以及——从巴黎飞过来的张曼玉。之后十数人驱车前往前东柏林的一家咖啡馆聊天，那地方只有几张木桌木椅，地板很旧，天花板却好高，哥哥坐定之后对我说："这便是我理想中的咖啡馆的样子。"

（二）

张国荣的五年祭刚刚过去，早阵子有报刊向我这个和他几次擦肩而过的人约稿之余，又问我和他可曾合照。一听这问题我的恶作剧性格马上作祟："合成照可以有，但该不会用吧？"

希望哥哥听了也会笑。"合照"，在那个年代哪会像现在般容易？我就是因为不习惯"悉知悉见"（《水浒传》剧本语），才买了有摄影功能的手机都久久拍不到两张照片。反倒是别人的手机经常在我身上找到方便：街上遇到素未谋面的陌生人，有次说是新加坡来的，也有是国内来的，不知在哪里认得我，"可以和你拍张照吗"的询问不可能用"不"来回答，因为手机早举起来了，就差拍摄的人的手指未按下快门。近年拍下的雾水合照数不胜数，口头上答允寄回给我的人多，终究在计算机上回收的少之又少。拍了就忘了，养成完全不把跟谁曾经合照放在心上。

心底那当然有些不一样。生命中毕竟对几张有拍没拍的片念念不忘。有拍的可能又想看又怕看——如此珍惜，一定掺杂既爱又恨的情感。明明没有拍过的，却好像在脑海里把胶卷冲洗成比实物更留得住画面的照片。印象中我和哥哥没有合照，却不因为一直没有机会。1998 年在柏林电影节的十天本来可以大拍特拍，或起码“咔嚓”一张。但是，当时的我或张先生一定以为来日方长，机会只会多不会少——在各自回港前，我记得就我们合作舞台剧的事，他说：“这两个名字加在一起会让人生出很多期待，我们必须从详计议，好好谈。”

同桌有他和我的好朋友诺文·王先生，和《霸王别姬》导演的特别助理，也是哥哥的好朋友张签缄小姐。

我和他那次在柏林没有留下合影还不是最可惜。最可惜的是，在同志泰迪熊颁奖礼上，从法国过来的张曼玉，香港去的关锦鹏、邱淑贞伉俪和编剧魏绍恩，济济一堂。张先生那晚真是开心，两部车把大伙送到前东德去喝咖啡。一张长桌宛如一部大卡士电影。当时因没今天这样普遍的手机而错失了一张大合照，实在是历史的遗憾。

下一个张国荣何时出现

林奕华

这个问题的答案似乎叫“永不”。因为它忘记了要长出像张国荣那样的一株花，就需要 20 世纪 80 年代的阳光和水分。没有那时代的环境和气候，香港不可能出现一个张国荣。所以，在怀念哥哥的时候，不同的 80 年代记忆就如一幅大拼图被分拆开来散发在不同人的脑海里。

纵然《霸王别姬》《阿飞正传》《春光乍泄》这三出张氏经典都在 90 年代才面世，但王家卫与陈凯歌的个人情怀怎么结算都是一句话：世界是过去的更美丽。甚至可以说，港产片拍到今天——或到了今天竟发现这条道路很难走下去——也是因为我们的电影一直都在消费昨天、经营昨天。近期例子莫过于周星驰的《长江七号》。冷眼看看银幕上的情节、笑点、温馨、伤感，无一不是似曾相识——是周星驰在怀周星驰的旧。然后，大家都在等着看冯德伦的《英雄本色》——不，不是张国荣周润发狄龙版本的重拍，却是 60 年代的龙刚萧芳芳谢贤版本。

当我们不得不接受香港自 80 年代后已没有出过巨星的事实，张国荣的“不在”让我们更清楚“明星”必须拥有的重要条件：他要使人看见“未来”（欲望）与“过去”（情怀），他就是不能让“现在”（现实）跟我们面对面——太真实而容不下幻想的镜子，又怎能吸引人站到它面去“看”自己？

今天多少人感伤张国荣的早逝，即使他们根本不是张的同代人——或，正由于他们是在电视戏院里一次又一次看着不老的张国荣长大，本来的“怀旧却变成另一种‘想象’”。情形就像詹姆斯·迪恩——无须活过他所处的那个时代而只须认同他的郁闷、孤独、反叛，我们便好像经历过他所经历的一切。是过去了的时代给予大多数人一种心情上的保障（说是消费上的保障也无不可），一如花钱买东西时名牌带来的安全感——沿着别人足印走出自己的喜怒哀乐，到底比毫无方向只身上路有安全感。

张国荣给我们的“安全感”——也就是用来忘记不安全的能量，主要来自荷里活发明的古老产品——华丽。在今天，地球这边的艺人都争相主动被时尚“绑票”，被设计“挟持”，这现象其实始于20世纪80年代的香港。然而那时候的艺人、明星比今天更有趣，更有被怀念的价值，是因为当年的他们只有“精神导师”（例如荷里活的经典大明星），却没有形象指导、保姆和经理人。现在的艺人当然不能没有“形象”，“形象”进一步带来身份、地位和财富。但形象值钱，正是因为它不堪一击。艺人明星在今天要懂得保护自己的同时，也要对别人的弱小心灵负上全责——千万不能因树大招风而引致不必要的妒忌与怨恨。

所以张若还活在今天，他那“比生命还大”（larger than life）的人生态度必然将成八卦媒体眼中的肥肉。就以他不耐烦地回敬狗仔队一句“哥你卤味！”为例，当年没有惹起轩然大波，不过因为当时平面媒体还没时兴动不动就把标题做大，电视频道没那么多娱乐新闻时段需要内容来充塞。至于张可否会为了适应时代变迁而一笑置之见怪不怪，我怀疑。

也就是说，如果20世纪80年代香港已经全城（民）小报——《壹周刊》实在90年创刊，张国荣的“神话”便会烧掉接近完美的“黄金十年”——包括他与唐先生的情史也将有可能是被“撞破”“揭发”，而轮不到他在个人演唱会里以最自在的姿态宣告天下："我的爱人就是你。"可见香港娱乐圈的此情不复与张国荣的佳人难再是同样的既无奈又无可避免。因此在大家一边渴求幻想又来不及把它捣碎的今天怀念张国荣，其实也是凭吊当年抱着纯真来打造幻想的我们。

也因为现在的艺人名为受保护，实际是没有多少发展个性的空间，漂流过后，连泡沫也留不下。

只不过他们能有几人不怕"先死而后生"倒还真是一个大问号——当勇敢、勇气这类字眼已渐沦为消费型社会里大多数人眼中的负资产，明星艺人的职责已不再是做我们做不来的事，说我们不会说的话，因为太过自我和突出只会提醒大家的寒伧。

就让张国荣尘归尘、土归土吧，他以现身说法来体现的"怀旧"精神，本来就不是人人都能负担的豪华。

此时此刻，有谁共鸣？

林夕

我第一次认识哥哥，很多谢倪震做的介绍——所以我才跟倪震这么好，主要目的是为了张国荣。

那时反而不是我去他家拜候他（哥哥），因为他不是老人家，我才是老人家，他来拜候我的。当时我在屋子里迎接他，那天是星期天下午，我这里不是在夸张。大家在戏里看得多了这样的镜头，他的戏看得多了，类似的那些姿势，原来真的像真人一样：一部红色的 BENZ 跑车，敞篷的，他一个人开，fung 的一声就停在楼下。这个镜头，我这辈子都记得，太帅了，竟帅成这个样子。上楼进到我的屋子里，看见就说“哗，你的屋子这么‘小’”，我说“小是小点”，他就说“不对，房子小成这个样子，怎么住啊”。那个时候我才觉得房子小，所以我有点怨恨他，为什么你要提醒我呢，房子真的是很小，很难放得下东西，可能那个时候我还没有那么多东西。

然后我去了他家，就发现，哗，好大啊！他的那个房子，现在不怕说（地址）了，在浅水湾保华大厦，是一个三复式，觉得好大啊！其实从那个时候开始，我发觉有一件事很好笑。就是看楼盘是我的习惯，这个习惯都是因为张国荣（的缘故）养成的。回头看保华大厦，其实是为了什么呢？其实是为了去住一住哥哥住过的大厦，其实是有那么一点……之后我再去看保华大厦，又觉得不是很大的样子，证明人是会长大的。

其实我对于屋子环境要漂亮，或者家私，对生活的要求，一切美艺的培养，好多都是从哥哥那里来的。

我第一首帮哥哥填的歌是《妄想》。现在回来听，不如不要听，因为填得实在太差了，但那时我很开心，很尽力，当时我实在未成熟，不懂得如何写一首可以叫喊的歌，不懂得哪里要跳出来，尤其是快歌，“太妄想”这样，我现在有的知识知道，那个“妄”字的鼻音是不适合去叫喊的，但当时听又不觉得，唱得很好啊，“太妄想”这样。他第一首找我的就是这一首，不记得是欧丁玉还是他找我写，我不知道为什么，《妄想》写得这么不理想，真的是我的妄想来的，但为什么他会再找我写第二首歌《无需要太多》，我真的不知道为什么。

第二首就成熟了点，那年已经是 1987 年底，《无需要太多》，我觉得自己成熟了点，可能那时的我已经了解真正的感情是什么。

我很记得有一个访问，就是当年《追》获得香港金像奖最佳电影主题曲，接受访问，有记者问我：“觉得哥哥唱得怎么样？”我不知道，也没有想过，我这个人平时不怎么想东西，我突然就说出四个字，这四个字真是天赐，就是“举重若轻”。许多年之后，在另一篇文章写过，“唱歌若唱到举重若轻是非常难的”。“举重若轻”是说你要很用力去做一样事情，但你却能让别人觉得你没有用力，这是最难的。在唱歌方面也是一样，其实没有多少人知道，唱气音比唱真声叫喊出来的效果还要消耗气力。《无需要太多》凡是高音位都是气若柔丝，气若柔丝得来又不是完全软绵绵的，我由此认识到呐喊与激昂的分别，激昂不一定需要叫啊喊啊地唱。

《无需要太多》之后，我就觉得张国荣会充分信任我了，因为他说很喜欢。既然很喜欢就行了，又可以去拜访他的浅水湾豪宅，所以我就开始很放肆，我这个人有个很“衰”的地方，一放肆，就会为所欲为，可以交出最好的作品。

但其实很可惜，《无需要太多》合作之后，跟着下来，同他合作已经到了《侧面》。写完《侧面》，收到一个消息，让我很不开心，就是他要退休了。更不开心的是：你要退休都不告诉我，是怎么把我当朋友的呢？

我在他的退休演唱会，听到他唱《明星》的时候，就哭得很厉害，我哭的时候是觉得为什么无端端好好的，这么年轻，33岁，33场，为什么要砌到这么齐整整的，我觉得不需要这样，既然唱得这么好，为什么要这么做（退休）呢？

倪震开车接我离开，在车里，他说："别哭啦，别哭啦！"但倪震还在车里播着他退休之前翻唱别人的歌那张唱片（《Salute》大碟）里的《明星》，明摆着是捉弄我嘛！

其实我在那个时候都很明白一个人要在他最高峰的时候 how to step down beautifully，是很艰难的决定，我一直都知道他想做出一个山口百惠的决定，但对我来说，我是不同意的。

幸而哥哥是一个艺术家，其实也不是没有人叫我不如封笔不要写词了，下台下得漂亮，趁最高峰的时候下去。我的反驳是，作为一个艺术家，他一定会做到死为止的，或做到连自己都觉得没能力为止。

幸而哥哥真的是一个艺术家，他真的喜欢唱歌，他真的喜欢舞台，所以他不介意再出来唱歌。不知道是不是有人说他"姣婆唔守得寡（耐不住寂寞）"，如果我知道是谁讲的，我会一辈子追杀他，因为他完全不明白什么是艺术。

张国荣是一个完美主义者，做每一件事都一丝不苟，为了拍好一个 MV，带了 30 多套衣服去试造型，为了对艺术的坚持，有一次更加因为一些传媒的井底之蛙态度而大发雷霆。

选一个形容词形容哥哥，我同大家一样，一定跳不开（那些词），因为真人都是一样："公子哥儿""十二少"！

我见他有一次真是很生气，生气到……啊，"公子哥儿"又不会愤怒成那个样子，他做大热演唱会的时候，我觉得他的大热演唱会，是一个划时代的演唱会，他披很长的头发，红色高跟鞋（林夕可能混淆了 1997、2000 两场演唱会），唱主大热的时候，下边有一大大的风扇，将头发吹起，他生气在大多数传媒的评语都是衣服"妖"。"妖"那时已经不是一个罪来的，说他太过什么了。他在心里憋了很久，终于有一次在我面前发了出来，"这些这样的媒体……"，他骂得很厉害，后来终于接受了我建议的另一本比较中肯的杂志的访问，然后他说："如果再这样搞下去，香港不会懂得欣赏一些艺人做的东西，我自己不要紧，我今天做的东西，能有多大胆，我请了一个外国的名设计师来，你来这么写，弄得那位名设计师放话说以后不帮香港艺人设计啦！其实是香港的损失。"媒体只会破坏，不懂得欣赏的时候，只懂得阻止我们的进步，或甚至会出现一个流行音乐界的梅兰芳（的可能）。

当时做《红》这张碟的时候，我是完全没有意识过，有首歌，原来是哥哥的歌迷很喜欢的。在卡拉 OK 很多人唱的，我认识的一个朋友每次去都要唱这首歌，都是不烦的，就是《怪你过分美丽》。为什么我要填这个题目呢？就是到我写个 hood line 哆哆 哆啦 哆啦，我已经想到这几个字，因为我实在是真心的，真的怪他过分美丽，哪里有人这么漂亮的？黄霑赞张国荣“眉目如画”，黄霑的朋友，所谓“赞人无一漏网”的倪匡，同样赞他“眉目如画”，两大高人都赞他“眉目如画”，我怎么就不能写一个更加厉害的《怪你过分美丽》？

香港的人口据闻有百分之一是同性恋，但是有几个艺人明说自己是同性恋？我问过哥哥为什么你不勇敢地走出来，外国的 Elton John 都这样啦，还很风骚地戴很多不同颜色的眼镜，比苏永康还多，但他回答我：“我不喜欢在记者逼问之下说出来，我自有我的分寸！”我有次看他的演唱会，他公开送《月亮代表我的心》给 Daffy，我真是又看到哭起来。虽然要我哭其实不难，但是我的眼泪其实就不是那么廉价。但是那次呢，哭得比我想象之中更厉害。

我觉得一个艺人从衣柜里走出来，在香港有没有勇气呢？有，从衣柜走出来的市民或普罗百姓，那当然有啦！问题是，哥哥由衣柜走出来，拖着 Daffy 的手走出来，其实他已经示范了一对最完美的情人。能得到大家都祝福的，是很少有的，而事后得到的反应，是很多歌迷都祝福他们，甚至普通市民，我不知道他们对性取向的看法如何，但是他们都祝福的时候，我觉得哥哥这个勇敢的行为，其实可能间接造就了很多 gay couple 有胆量面对群众，同有胆量面对家人。

我曾经试过同张国荣录音，他录了两三次之后就说可以了，当时我没有什么经验，其实是有，有一点，但没试过同张国荣这样的巨星，以前多数同那些不是很懂唱歌的人录，他录了两三次就说可以了，这么快就收工，很难下台的！（既然）已经订了（录音室），我就说不如试一下有没有其他的方式，他就说“这个就是好的啦，再录下去，就不同啦，你要多少都有”，因为他已经做过功课了。

另外有一次，Alvin（应该是梁荣峻）帮他录音，我就去看他录音，有一句很高音，真是很高音，我记得是高音“so”来的，要喊的，Alvin 就说要转一下 key，结果他进去说试一下，一声，Alvin 就很开心，哗，可以哦，甚至这个就已经可以用了！他（哥哥）走出来就说“这个当然不行啦，试的又怎么可以呢？这次来个真的给你看一下啦！”然后他又进去再试，果然那句又真的能喊出来，到了那个音，的确效果对比很明显。那首歌叫作《Dreaming》。

我这辈子最光荣的一件事是帮张国荣写了一首歌，名字叫《我》，有广东版，有国语版，国语版还可以传到内地呢。这首歌很好笑的，这首歌只有一个交代：“喂，你有没有看过一出戏，叫作《假凤虚凰》没有？”我说看过，怎么？“意思就是‘I am what I am’。”我说：“这样啊，好，你等我来啦。”“你知不知道写什么啊？”“哦，你想写 gay 吖嘛！知道你威风，很骄傲的！行，像你一样骄傲！”写完之后，他很喜欢，很喜欢！我不是有自卑感的人，但是他实在是一个太巨的星了。后来有个访问中他讲收到我的歌词，很开心。他觉得很光荣，这一辈子认识到我这个知心的朋友。我看完之后，那个时候他已经走了，我那个时候才很有把握，他的确当我是一个朋友！

在这里，我要同大家分享我为 Leslie 做的最后一件事——就是再写下一些文字：

“文字已不足表达我们这个名牌，我们听见的，我们看见的，我们认识的，我们以为的，我们幻想的，都已经成为永恒的集体回忆。这是一个孤独少年成长的故事，力争上游的故事，锋芒闪耀的故事，选择平静生活或天生我才不忍浪费的矛盾故事。如露如电、如幻如花的张国荣，在万人注目下一直流动如风。散聚有时，风光无限。感激完美主义者哥哥为我们吹遍千娇百媚的风潮。有空气就会有风，风会继续吹。”

此时此刻，有谁共鸣！

附录 2 | 张国荣年表

1956 年 / 1 岁

是年 9 月 12 日出生于香港九龙一个裁缝之家。

1969 年 / 13 岁

远赴英国留学，就读于英国利兹大学纺织管理系。

1973 年 / 17 岁

张国荣因父亲中风病危，辍学回港。

1977 年 / 21 岁

音乐：张国荣参加丽的电视台举办的亚洲业余歌手大赛，以一曲《American Pie》获得香港地区亚军。同年，发行个人首张唱片《I Like Dreamin'》。

综合：当选《华侨日报》“最有前途新人”。

1978年 / 22岁

电影：出演首部电影《红楼春上春》，并客串电影《狗咬狗骨》。

电视：出演电视剧《岁月河山之我家的女人》《屋檐下之十五、十六》《女人三十》，剧集《鳄鱼泪》。

1979年 / 23岁

音乐：发行唱片《情人箭》。

电视：出演电视剧集《浣花洗剑录》《情人箭》。

1980年 / 24岁

电影：出演电影《喝彩》。

电视：出演电视剧集《浮生六劫》《大内群英续集》《小小心愿》《珠海枭雄》。

1981年 / 25岁

电影：出演电影《失业生》。

电视：出演电视剧集《对对糊》《甜甜二十四味》《游侠张三丰》《凹凸神探》。

1982 年 / 26 岁

电影：出演电影《柠檬可乐》《冲击 21》《烈火青春》《杨过与小龙女》。

电视：出演电视剧集《爱情跑道》。

1983 年 / 27 岁

音乐：发行唱片《风继续吹》《一片痴》。作词《片段》《情自困》。

电影：出演电影《鼓手》《第一次》。获第二届香港电影金像奖“最佳男主角”提名（电影《烈火青春》）。

1984 年 / 28 岁

音乐：发行唱片《Leslie》。出演首部音乐电影《惊情》，创电视台收视纪录。获第五届商业电台擂台歌曲大奖、第七届香港电台“十大中文金曲”奖（歌曲《Monica》）、第二届无线电视“十大劲歌金曲”奖（歌曲《Monica》）。

电影：出演电影《缘分》，客串电影《圣诞快乐》《三文治》。

电视：出演电视剧集《侬本多情》。

综合：当选《华侨日报》“十大最受欢迎艺人”。

1985年 / 29岁

音乐：发行唱片《为你钟情》、新歌加精选唱片《夏日精选全赖有你》。举办首次红馆个人演唱会十场、澳门演唱会两场。获第六届商业电台擂台歌曲大奖、第八届香港电台“十大中文金曲”奖（歌曲《不羁的风》）、第三届无线电视“十大劲歌金曲”奖（歌曲《不羁的风》）。

电影：出演电影《龙凤智多星》《为你钟情》，客串电影《求爱反斗星》。

电视：出演电视剧集《武林世家》。

1986年 / 30岁

音乐：监制并发行唱片《张国荣》《Stand Up》、新歌加精选唱片《张国荣英雄本色当年情》。作词《爱火》。举办第二次红馆个人演唱会十二场。联合举办澳洲雪梨演唱会两场。获第七届商业电台擂台歌曲大奖、第九届香港电台“十大中文金曲”奖（歌曲《当年情》）、第四届无线电视“十大劲歌金曲”奖（歌曲《当年情》《有谁共鸣》）、“年度金曲”金奖（歌曲《有谁共鸣》）。

电影：出演电影《偶然》《英雄本色》。

电视：出演电视剧集《猛龙过江》。主持第十四届“香港小姐”选美大赛。

综合：当选香港电台年度“演艺十大当红人物”。

1987年／31岁

音乐：监制并发行唱片《爱慕》《Summer Romance》。作词《情难自控》，客串音乐电影《梦里风清》、举办“美加不眠”世界巡回演唱会七场。获第八届商业电台擂台歌曲大奖、擂台大碟奖（唱片《Summer Romance》）、第十届香港电台“十大中文金曲”奖（歌曲《无心睡眠》）。

电影：出演电影《英雄本色Ⅱ》《倩女幽魂》。电影《英雄本色》获第六届香港电影金像奖“最佳影片”奖。

综合：当选香港电台年度“十大当红人物”。

1988年／32岁

音乐：监制并发行唱片《Hot Summer》《Virgin Snow》。作曲《想你》《沉默是金》《共创真善美》。在红馆举办“百事巨星张国荣”个人演唱会二十三场。获第一届商业电台“叱咤乐坛男歌手”金奖、第十一届香港电台“十大中文金曲”奖（歌曲《沉默是金》《无需要太多》）、IFPI唱片销售大奖（唱片《Hot Summer》）、第六届无线电台“十大劲歌金曲”奖（歌曲《沉默是金》《贴身》）、“最受欢迎男歌星”奖。

电影：出演电影《胭脂扣》《杀之恋》。获第七届香港电影金像奖“最佳男主角”提名（电影《英雄本色Ⅱ》）。

1989 年 / 33 岁

音乐：监制并发行唱片《Salute》《Leslie》《张国荣兜风心情》《Final Encounter》。作曲《由零开始》《风再起时》《一晚》《太阳伞下》。作词《To You》。联合作词作曲《烈火灯蛾》。宣布告别乐坛，在红馆举办告别演唱会三十三场。出演音乐电影《日落巴黎》。获第二届商业电台“叱咤乐坛男歌手”金奖、IFPI 唱片销售奖（唱片《Leslie》）、第七届无线电视“十大劲歌金曲”奖（歌曲《由零开始》）、“最受欢迎男歌手”奖。

电影：出演电影《新最佳拍档》《倩女幽魂 II》。获第八届香港电影金像奖“最佳男主角”提名（电影《胭脂扣》）。

综合：当选商业电台“十大靓人”榜首。

1990 年 / 34 岁

音乐：发行新歌加精选唱片《Dreaming》。作曲《永远怀念你》。

电影：出演电影《阿飞正传》。

综合：当选香港电台“80 年代十大演艺红人”。

1991 年 / 35 岁

电影：出演电影《纵横四海》，客串电影《豪门夜宴》。获第十届香港金像奖“最佳男主角”奖（电影《阿飞正传》）、第二十八届台湾电影金马奖“最佳男主角”提名（电影《阿飞正传》）、第三十六届亚太影展“最佳男主角”提名（电影《阿飞正传》）。

综合：当选商业电台“十大健康形象”。

1992 年 / 36 岁

音乐：作曲《如果你知我苦衷》。

电影：出演电影《蓝江传之反飞组风云》《家有喜事》。

1993 年 / 37 岁

音乐：作曲《红颜白发》《忘掉你像忘掉我》。作词《双飞燕》。获第三十届台湾电影金马奖“最佳原创歌曲”奖（歌曲《红颜白发》）。

电影：出演电影《霸王别姬》《花田喜事》《东成西就》《白发魔女传》，客串电影《白发魔女传 Ⅱ》。获第四届中国电影表演艺术学会奖“特别贡献奖”、第四十六届法国康城影展“最佳男主角”提名（电影《霸王别姬》）。《霸王别姬》获第四十六届康城影展“金棕榈奖”及美国电影金球奖“最佳外语片”奖。

1994 年 / 38 岁

音乐：作曲《自首宣言》。获第十四届香港电影金像奖“最佳电影歌曲”奖（歌曲《追》）、第三十一届台湾电影金马奖“最佳电影歌曲”提名（歌曲《追》）。

电影：出演电影《大富之家》《金枝玉叶》《锦绣前程》《东邪西毒》，客串电影《记得香蕉成熟时之初恋情人》。获日本影评人协会“最佳外语片男主角”奖（电影《霸王别姬》）、第一届香港电影评论家协会大奖“最佳男主角”奖（电影《东邪西毒》）、第十四届香港电影金像奖“最佳男主角”提名（电影《金枝玉叶》）。《东邪西毒》获威尼斯国际影展“最高艺术成就金牌奖”。

1995年 / 39岁

音乐：复出乐坛，发行唱片《宠爱》、MTV 影碟《倾诉》。作曲《夜半歌声》《深情相拥》《一辈子失去了你》。获香港电台第十八街“十大中文金曲”全年最高销量歌手大奖、第十五届香港电影金像奖“最佳电影歌曲”提名（歌曲《夜半歌声》）、第三十二届台湾电影金马奖“最佳电影歌曲”提名（歌曲《夜半歌声》）。

电影：执行监制电影《夜半歌声》。出演电影《金玉满堂》《夜半歌声》。

1996年 / 40岁

音乐：监制并发行唱片《红》。作曲《红》《有心人》《意犹未尽》。在红馆举办“跨越 97”演唱会二十四场，世界巡回演唱会三十一场。获第十六届香港电影金像奖“最佳电影歌曲”提名（歌曲《有心人》）、第三十三届台湾电影金马奖“最佳电影歌曲”提名（歌曲《有心人》《当真就好》）。

电影：联合导演电影《金枝玉叶Ⅱ》《色情男女》。出演电影《大三元》《风月》《金枝玉叶Ⅱ》《新上海滩》《色情男女》。获第十六届香港电影金像奖“最佳男主角”提名（电影《色情男女》）、第三十三届台湾电影金马奖“最佳男主角”提名（电影《风月》）。

1997 年 / 41 岁

音乐：出品 MV 影碟《Legend》《哥哥的前半生》。

电影：出演电影《春光乍泄》，客串电影《九七家有喜事》。获第十七届香港电影金像奖“最佳男主角”提名（电影《春光乍泄》）、第三十四届台湾电影金马奖“最佳男主角”提名（电影《春光乍泄》）。

1998 年 / 42 岁

音乐：发行唱片《这些年来》《Printemps》，MV 影碟《卡拉百分百绝对张国荣》。作曲《以后》。

电影：出演电影《九星报喜》《红色恋人》，客串电影《安娜玛德莲娜》。受邀担任柏林国际影展评委。

1999 年 / 43 岁

音乐：监制并发行唱片《陪你倒数》。出品 MV 影碟《陪你倒数 Leslie Cheung》。作曲《寂寞有害》《小明星》。自编自导自演音乐电影《左右情愿》。获第二十二届香港电台“十大中文金曲”奖（歌曲《左右手》，退出领奖）、港台“世纪十大金曲”金奖（歌曲《Monica》）。

电影：联合出品电影《流星语》。出演电影《星月童话》《流星语》、纪录片《布宜诺斯艾利斯零度》（又名《摄氏零度之春光乍泄》）。电影《英雄本色》获香港“世纪十大电影”冠军。

2000年 / 44岁

音乐：监制并发行唱片《Untitled》《大热》。出品MV影碟《Hit2000张国荣Leslie》。作曲《我》《大热》。作曲、联合作词并监制《极爱自己》。导演MV《I Honestly Love You》《枕头》《洁身自爱》《你这样恨我》等。举办“商台903拉阔音乐会”。在红馆举办“热·情”演唱会十三场，世界巡回演唱会二十四场，兼任艺术总监。获第二十三届香港电台“十大中文金曲”奖（歌曲《大热》，退出领奖）、终身成就奖“金针奖”，无线电视“十大劲歌金曲奖”荣誉大奖、第十三届商台叱咤乐坛至尊歌曲大奖（歌曲《左右手》，退出领奖）、十大专业推介奖（歌曲《左右手》）、新城劲爆年度歌曲“十大劲爆歌曲”奖（歌曲《左右手》）、年度歌曲金奖（歌曲《左右手》）、《明报周刊》“最突出男歌手”奖（歌曲《路过蜻蜓》）、《明报周刊》“致敬大奖”（“热·情”演唱会）。当选香港作曲家与作词家协会（CASH）首任“CASH音乐大使”。

电影：出演电影《枪王》《恋战冲绳》。自编自导自演反吸烟电影短片《烟飞烟灭》。

综合：获CCTV-MTV音乐盛典颁奖礼“亚洲最杰出艺人”奖。当选香港电台“90年代十大演艺红人”榜首。出品广播剧《七年三日》。

2001年/45岁

音乐：监制并发行唱片《Forever》。作曲《诺亚方舟》。在红馆加开“热·情”演唱会压轴篇六场。导演MV《梦到内河》《芳华绝代》。获首届中国华语流行乐传媒大奖“最佳流行男歌手”奖、“最佳演唱会”奖（“热·情”演唱会）、“十大华语歌曲”奖（歌曲《路过蜻蜓》）、雪碧中国原创音乐榜千禧全国成就大奖、金曲奖（歌曲《发烧》）、无线电视“十大劲歌金曲”奖致敬大奖、四台联颁音乐大奖之“大碟奖”（唱片《Untitled》）。

电影：获第三十七届台湾电影金马奖“最佳男主角”提名（电影《枪王》）。

2002年/46岁

音乐：发行唱片《Cross Over》。作曲《这么远，那么近》。蝉联香港作曲家与作词家协会第二任“CASH音乐大使”。

电影：出演电影《异度空间》。获第三十八届台湾电影金马奖“最佳男主角”提名（电影《异度空间》）。

2003年 / 47岁

音乐：发行唱片《一切随风》。作曲《玻璃之情》《敢爱》《红蝴蝶》《我知你好》。客串MV《你最红》。获第二十五届香港电台“十大中文金曲”奖金曲银禧荣誉大奖、第三届华语流行乐传媒大奖“终身成就奖”、“十大华语歌曲”奖（歌曲《这么远，那么近》）、2003年度CASH音乐成就大奖“最佳另类作品”奖（歌曲《这么远，那么近》）。

电影：获第二十二届香港电影金像奖“最佳男主角”提名（电影《异度空间》）。

是年4月1日，晚，6点41分，张国荣从香港中环文华东方酒店的二十四楼纵身跃下，被送至玛丽医院，经抢救无效，身亡。

终年，47岁。

1987年《倩女幽魂》

1988年《胭脂扣》

1990年《阿飞正传》

1993年《霸王别姬》

1994年《东邪西毒》

1994年《金枝玉叶》

1995年《夜半歌声》

1996年《色情男女》

1997年《春光乍泄》

2002年《异度空间》

孤独是
心　的
猎　手

《倩女幽魂》

十里平湖霜满天，
寸寸青丝愁华年。
对月形单望相护，
只羡鸳鸯不羡仙。

孤独是
心的
猎手

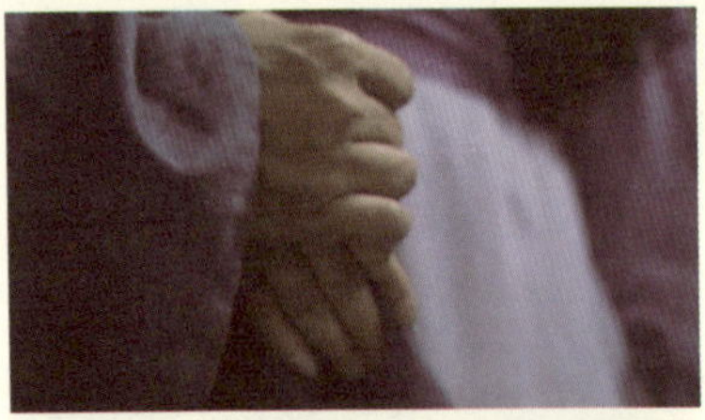

孤独是
心 的
猎 手

4 DVD DELUXE EDITION
倩女幽魂
TSUI HARK
A CHINESE GHOST STORY TRILOGY

倩女幽魂

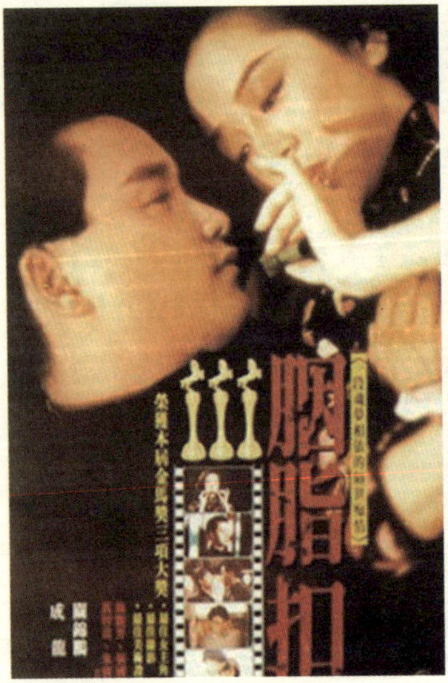
胭脂扣

胭脂扣
Rouge
关锦鹏
梅艳芳/张国荣

浓妆、
淡妆、
男装、
不化妆。
还有现在，如梦如幻月，
若即若离花。

孤独的心是猎手

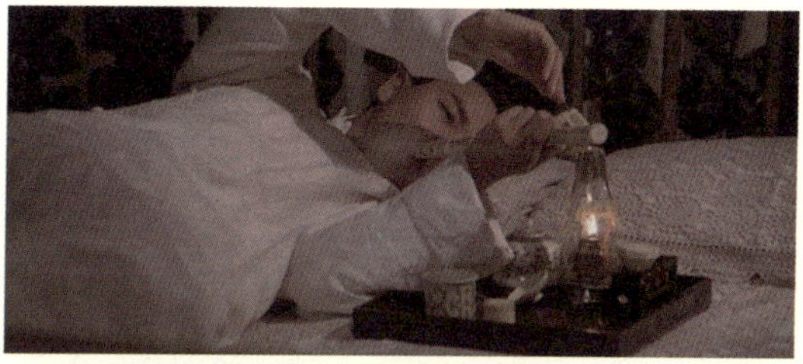

《阿飞正传》

孤独是
心 的
猎 手

世界上有一种鸟是没有爪子的，
它只能一直地飞啊飞，
飞累了就睡在风里，
这种鸟一辈子只能着地一次，
也就是当它死的时候。

孤独是心的猎手

金公主
新寶
兩大院線
10:30
4:00
今天8場
盛大聯映
午夜場
格調高級
嶄新戲路
一部值得
深思細嚼
的電影
阿飛正傳
時移世轉
情懷不變
狂野的反叛
無悔的傾情
燃燒着黃金歲月
DAYS OF BEING WILD
風采今勝昔 張國榮 告別樂壇，久休之後 光芒盡露第一部
形象新演繹 劉德華 乍逢好劇本 演技創高峯
近廿年來 最星光燦爛的聖誕鉅獻!
★全片現場收音，直接傳神 非配音電影
☆一年之內絕不發行錄影帶 及鐳射影碟
張曼玉
劉嘉玲
粒粒天皇 演技星
格格菲林 心血結晶
劉德華
張國榮
張學友
梁朝偉
"旺角卡門" 鐵三角
鄧光榮
王家衛 張叔平
最新代表作

LILIAN
LEE
ADDIO
MIA
CONCUBINA
ROMANZO
FRASSINELLI

我本是男儿郎，又不是女娇娥……

想要人前显贵，必得人后受罪。

孤独是
心的
猎手

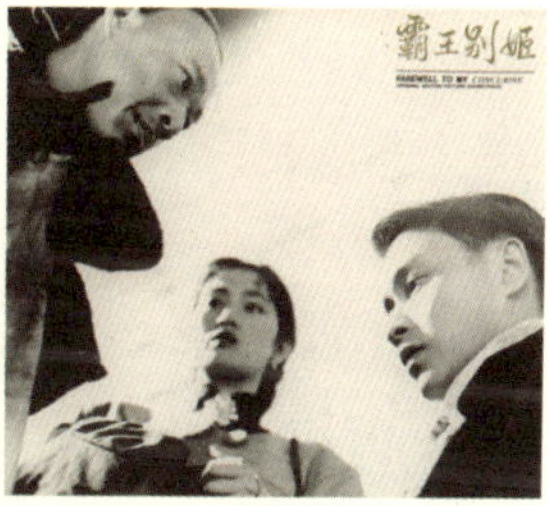

旗未動 風也未吹 是人的心自己在動
東邪西毒
王家卫作品
终极版
张国荣
张曼玉
梁朝伟
《异度空间》《小亲亲》《无耻混蛋》《2046》《赤壁（下）》《赤壁（上）》

孤独是
心的
猎手

虽然我很喜欢她，

但是我不想让她知道，

因为我明白得不到的东西永远是最好的。

当你不可能再拥有的时候，
你唯一可以做的，
就是令自己不要忘记。

我一直以为是我自己赢了，
直到有一天看着镜子，
才知道自己输了，
在我最美好的时候，
我最喜欢的人都不在我身边。

《金枝玉叶》

男的也好，女的也好，我只知道我喜欢你。

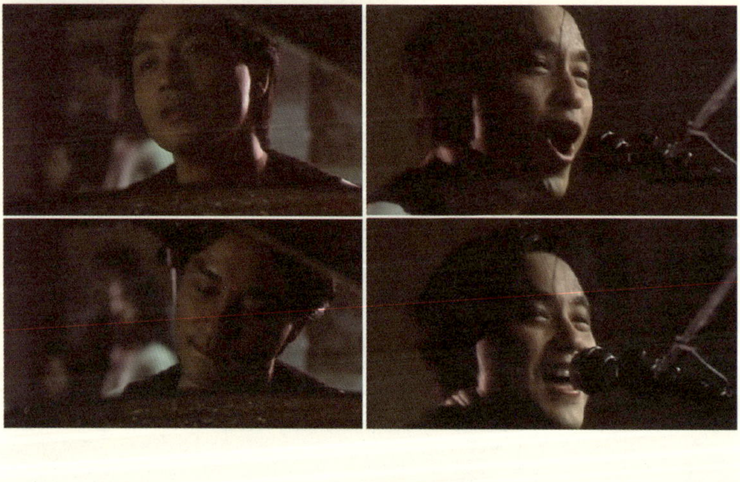

心是孤独的猎手

夜半歌声
The Phantom Lover

夜半歌声
重拍自三十年代同名恐怖电影
东方魅影和动人音符的华丽组合

吳倩蓮
張國榮
夜半歌聲
于仁泰作品

“丹平，你会永远爱我吗？”

“一辈子。”

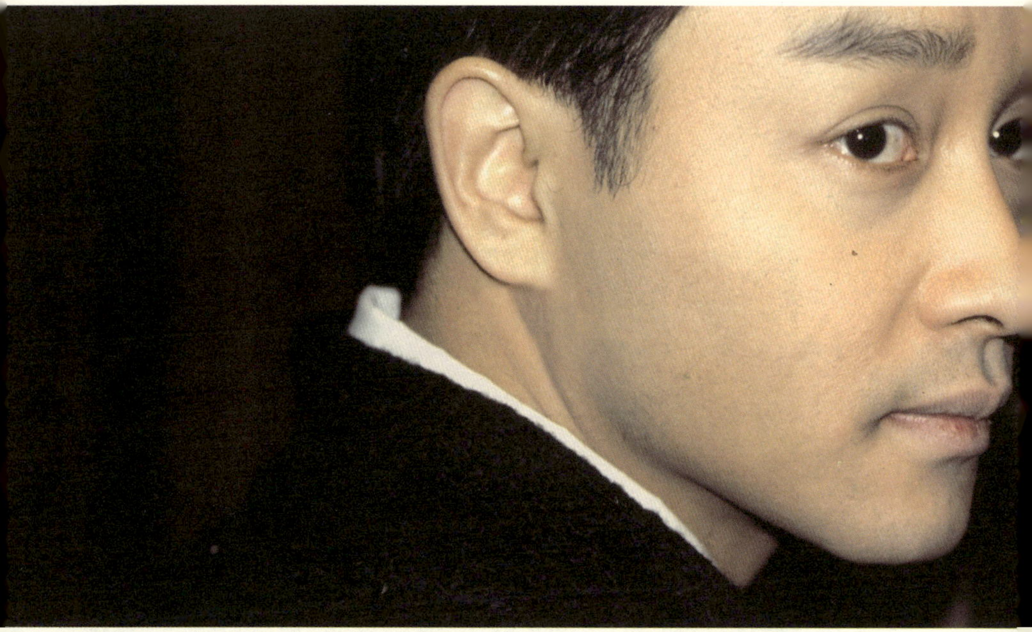

孤独是心的猎手

《色情男女》

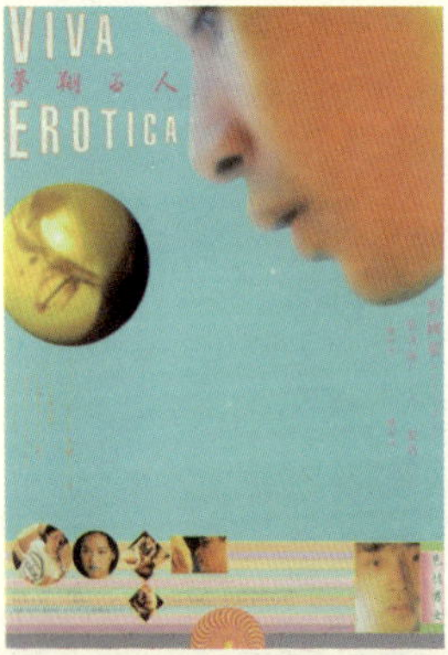

我以前做人很可笑,

做什么都是做一半,

踢球踢一半,

排戏排一半,

谈恋爱谈一半。

现在我明白了,

排戏和踢球一样,

需要团队精神,

需要毅力。

孤独是
心 的
猎 手

Happy Together
A Film by
Kar Wai Wong
1997
THE CRITERION COLLECTION

黎耀辉，让我们重新开始。

孤独是心的猎手

一代巨星张国荣惊世遗作
一刀未剪完全版国内首度公映
异度空间
inner senses
万般惊悚撼魂动魄
一段挚爱刻骨铭心
张国荣
林嘉欣
www.g-film.com

你想我跳下去。

你想我死。

不过我想告诉你，一直以来

我都没有开心过，

一直以来，我都不可以接受

另一个女孩子，

是因为你。

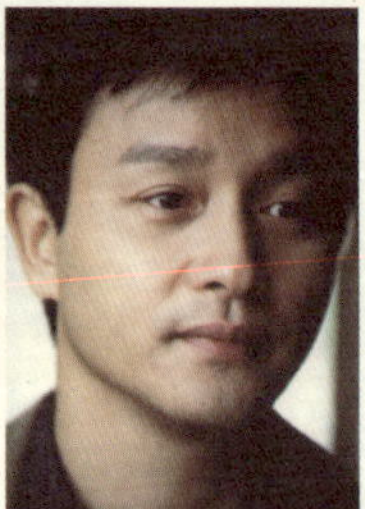

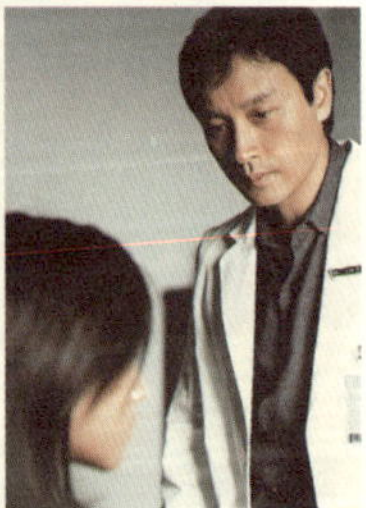